——像科学家一样会思考——

像科学家一样会提问

［英］费利西娅·劳　著

［英］莱斯莉·丹森　绘

陈宛　译

浙江科学技术出版社

著作合同登记号 图字：11-2023-132号

图书在版编目（CIP）数据

像科学家一样会思考. 像科学家一样会提问 / (英)费利西娅·劳著 ; (英) 莱斯莉·丹森绘 ; 陈宛译. -- 杭州 : 浙江科学技术出版社, 2023.8
ISBN 978-7-5739-0673-1

Ⅰ. ①像… Ⅱ. ①费… ②莱… ③陈… Ⅲ. ①科学知识－儿童读物 Ⅳ. ①Z228.1

中国国家版本馆CIP数据核字(2023)第099098号

书　名	**像科学家一样会思考（全5册）**		
著　者	［英］费利西娅·劳　［英］萨伦娜·泰勒		
绘　者	［英］莱斯莉·丹森		
译　者	陈　宛		

出　版	浙江科学技术出版社	**地　址**	杭州市体育场路347号
联系电话	0571-85176593	**邮政编码**	310006
印　刷	河北鹏润印刷有限公司	**发　行**	读客文化股份有限公司

开　本	787mm × 1092mm　1/16	**印　张**	15（全5册）
字　数	188千字（全5册）		
版　次	2023年8月第1版	**印　次**	2023年8月第1次印刷
书　号	ISBN 978-7-5739-0673-1	**定　价**	139.90元（全5册）

特约编辑　蔡舒洋
责任编辑　卢晓梅　**责任校对**　张　宁　**责任美编**　金　晖　**责任印务**　叶文炀
封面装帧　张路云

目录

科学家想要……

科学家想要制造一架地球观测仪，帮助人们观测和记录地球资源的情况，同时改善环境问题，恢复生态平衡。

为了实现这个目标，科学家需要先了解地球资源的基本情况，弄清人们到底面临哪些问题，从而提出解决方案。

第一步，细致地观察现象。地球的资源有很多种，比如水资源、土地资源、海洋资源等。科学家发现，虽然地球上有大量土地，但还是有很多人填不饱肚子。

第二步，从现象中提炼问题。知道这个现象后，科学家很好奇，到底是什么原因造成了这样的现象？只有弄清楚了背后的原因，他才可以对症下药，逐个击破。通过搜集各种资料，科学家发现造成这种现象的原因有很多种：土地面积虽然很大，但是可用于耕种的土地并不多；而可耕种的大部分土地都用来种牲畜饲料，用于种植粮食的土地就更少了；有限的粮食供给在快速增长的人口数量面前显得微不足道……

通过科学家提出问题的步骤，小朋友们有没有发现，想要提出问题，第一步就是要观察，通过观察到的现象梳理出你的疑问，这些小小的疑问都可以被加工成一个问题。所以不妨多留意一下身边的小事，养成善于观察的好习惯。

接下来，科学家就要为自己提出的问题寻找可行的解决方法了。科研五人团的其他成员也纷纷来帮忙，虽然这个问题很难在短时间内彻底解决，但是他们相信，通过现有的卫星技术，再加上每个人的积极参与，一定能减小人类对地球资源的破坏，让地球家园变得更好。

科学家面对的挑战

科研五人团的其他成员得知了科学家的新计划，他想要建造一部机器，用来监测和记录我们所生活的这颗行星的近况。

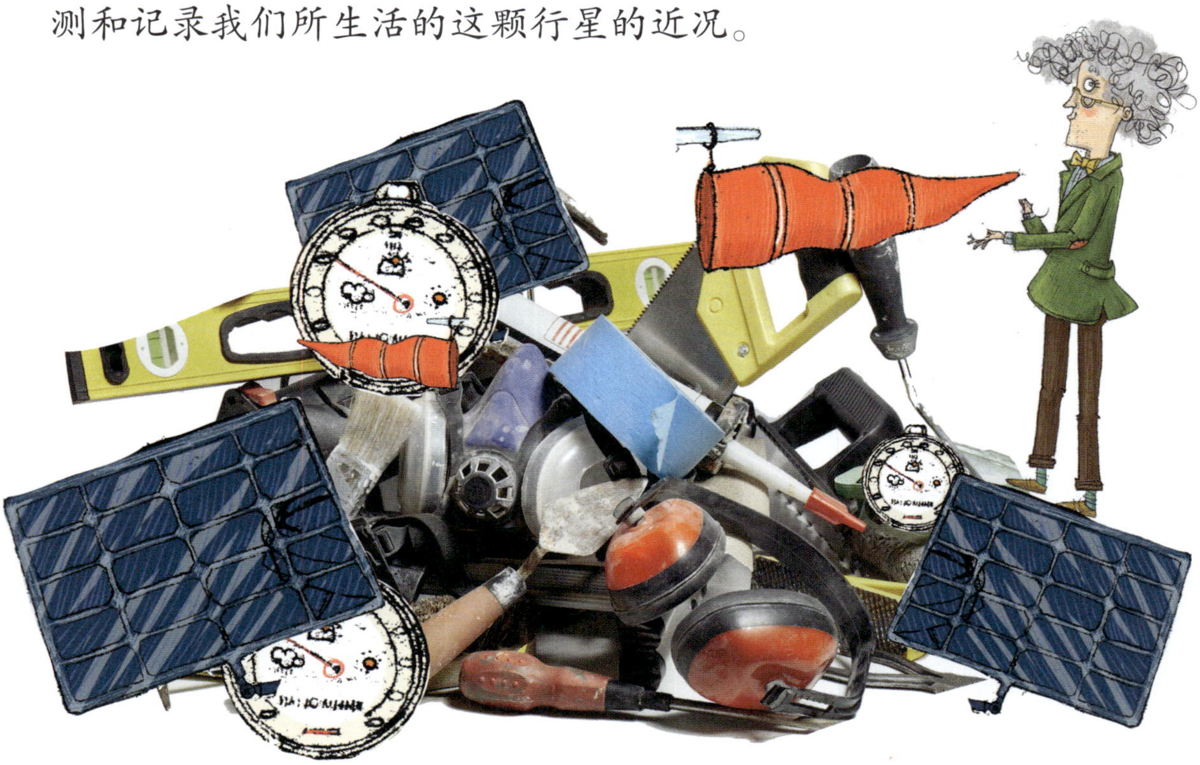

科学家告诉朋友们："许多问题正威胁着我们的星球，它们都会导致一个结果——地球再也不能养活所有想在上面生活的人了。

"几百年来，人类基本没有担忧过这个问题。我们繁衍后代，四处旅行。我们工作，玩耍，发明各种神奇的技术。在克服困难的过程中，我们变得越来越善于迎接挑战。"

但现在我们必须直面这个最大的挑战。

科研五人团的其他人也很清楚我们面临什么挑战。毕竟，不同的职业经历能让他们从不同角度看待这个问题。

数学家看到了一些令人震惊的数据。从世界各地搜集来的数据显示，许多人正遭受饥饿、疾病、失业和无家可归的折磨。

工程师知道很多家庭没有房子居住。但想让整个世界的人都住进新房可不容易，因为通常没有那么大片的土地可以建造房屋。

艺术家提到，电影和戏剧等艺术作品能帮助人们表达担忧与痛苦的情绪。

程序员从网络上搜集了许多报告，这些报告明确指出我们的世界存在不少问题。

地球超载

有些新闻媒体在某个特殊的日子会使用这一标题，表示“地球的资源不再能满足全部人类的需求”。这意味着地球上已经没有多余的土地生产新的资源，来满足我们的日常需要。

也就是说，这颗小小的行星上已经居住了太多的人。

很不幸，这样的日子已经来临。

我们的星球盛产什么

释放氧气的植物

植物释放氧气，而氧气是人类和很多动物维持呼吸必需的气体。此外，我们会种植农作物来解决吃饭问题；有些植物是动物的食物，而有些动物又是我们的肉食来源；植物还为我们修建房屋、制造工具提供了原材料。

人类生存不能缺少的水

最典型的例子就是，人离开了食物能活大约三周的时间，但离开了水活不过三天。

太阳带来的光照

太阳光能让我们保持健康，也能让农作物正常生长。

自然资源

自然资源是不受人类活动影响、由地球自身孕育出来的资源，人类需要借助它们维持基本的生产与生活。自然资源既包括地球表面的土地、森林和水等，也包括地下的矿物和化石燃料等。这些资源能为我们提供食物、工具、住房、能源以及其他许多东西。

如果自然资源的发展变化不受干扰，它们通常会形成一个生态系统。生态系统包括动植物和谐共生的群落，其中的成员必须互相依靠才能生存下去。

一个生态系统由土地、大气、水体以及生活在这片区域的生物构成。

在这个生态系统里，小池塘提供了水源；塘底为水生植物提供了生长空间；鱼和其他小型水生动物生活在池水里及池塘周围，以水草、其他植物或昆虫为食。植物、昆虫同时也是陆地动物与鸟类的食物来源。食肉动物则会捕食其他小型生物。

一旦有外界力量干扰，整个生态系统可能会逐渐崩溃。动植物会逐渐逃离这片区域，甚至全部灭绝。

气候剧变能摧毁生态系统，人为污染也会迅速污染水源、杀死动植物。

过度损耗

“大家来看看这个简单的图表吧，”数学家说，“左边标出的风、水和植物等是可再生的，也就是说，它们可以通过大自然一次次重新产生。

“右边标出的资源要耗费很长很长时间才能产生，一旦用完就没了。这些都是不可再生资源，比如煤炭、石油和金属。”

“所以呀，人类的生存必须依靠自然资源，”科学家提醒我们每个人，“但我们能利用的每种资源都是有限的。地球上这么多人，能分享的资源却只有这么多。

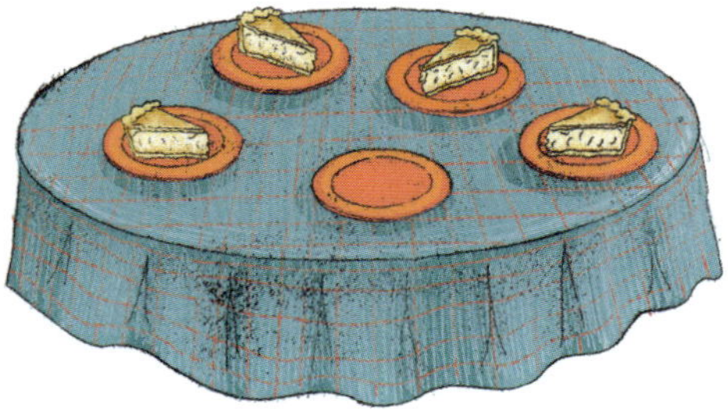

“如果我们太贪婪，一下子把资源全部用掉，它们就没了。没错！我们赖以生存的资源会被全部用光！”

地球超载日

人类正在迅速消耗地球上的资源。每年，我们都会设定一个地球超载日。

这个日子就是人类达成一整年生态破坏份额的警告日。2023年，地球超载日已经不是12月31日，而是提前到了8月2日。原本能使用1年的可再生资源，我们可能大约7个月就用完了。

我们到底干了什么？

- 破坏了太多生态系统。
- 砍伐了太多森林。
- 过度耕种导致水土流失。
- 过度捕捞，污染海洋。
- 向大气层排放大量二氧化碳，引发全球变暖——地球温度上升，可饮用水源变少，极端气象灾害变多。

一个地球不够用

科学家说："地球超载日是一记警钟。科学家用这种方式警告我们必须改变生活方式，不然我们将会毁灭这个星球。没错，确实很可怕！

"当然啦，真正走向死亡的不是这颗星球，而是我们人类。如果我们把地球破坏得千疮百孔，我们就不能依靠它来种植粮食和供应饮用水了。"

灭绝是指地球上的某个物种被完全毁灭，没有恢复的可能。灭绝的物种会永远地消失。

灭绝的威胁

目前地球上动植物物种的灭绝速度要比自然状况下快近1000倍。也就是说，生物的灭绝速度是不正常的，某个原因加快了它们灭绝的步伐。

这个原因就是"我们"。

一个地球已经不够养活全部人口了。

我们需要1.75个地球来养活所有人。一个地球不够！

除非每个人都行动起来，为恢复地球生态平衡贡献力量。

节约能源

自从人类开始进化，地球就为我们提供了取暖的燃料。人类砍伐木材来燃烧或搭建房屋，还会挖到地底深处寻找煤矿。

有了现代装备的帮助，我们能在地底岩层中准确找到油田，再用钻头挖到石油。这种石油和伴生的天然气，都是人类可以使用的燃料。

化石燃料是由腐坏的植物和死亡的动物经过上百万年时间变化而来的。这些燃料只出现在特定种类的岩石和岩层中，所以要找到并开采它们不是一件容易事儿。

化石燃料

化石燃料是现代人经常使用的自然资源，包括煤炭、石油（原油）和天然气等。

煤炭

煤炭的能量来自数亿年前死去的植物贮存的能量。它现在仍然是家庭供暖的主要燃料，也被用于工业生产，同时还是发电站生产电力的燃料。

石油

石油是由早期的植物和小型动物演化而来的，这些生物生活在4亿～3亿年前的水里。它们的尸体在泥沙中埋藏了数亿年，受到地热与压力的作用，慢慢变成了石油。

天然气

天然气，也叫石化天然气，储藏在较深的岩层中。腐化的动植物受到地底极高的热量和压力作用，经过亿万年的变化，最终形成了天然气。

科学家提醒大家，我们无论是工作还是日常居家休闲，都会消耗大量的电能。

我们运用化石燃料为各种各样的机器提供能源，比如汽车。但化石燃料的形成要耗费亿万年的时间，而且一旦被人类开采完，就再也没有了。化石燃料是不可再生能源。

这些燃料都快被我们用光了！

新能源

我们必须寻找其他种类的能源。目前，人类已经掌握了利用阳光、风、海浪和潮汐等自然资源的方法。除了这些，我们还能利用地表之下的地热能，甚至通过压缩氢气来发电。这些清洁燃料在产生能量时不会排放任何污染物。

我们能够捕捉空气运动产生的能量，再用这些能量发电，这就是风能。风能是一种清洁能源，在产生能量时不会排放任何污染物。

想让风能源源不断地转变成电能，需要大量风力发电机持续运作，所以风力发电机通常是成群建造的，从而形成风力发电场。

像上图这样的巨型太阳能发电场可以把聚集的太阳能转变成电能。

核能正逐渐取代化石燃料。

生物质燃料由腐坏的植物产生，同样可以用来发电。

绿色出行

工程师骑上她的小摩托在城里转悠，她觉得这是一种划算的出行方式。不过，全世界已经有越来越多的人开始骑自行车出门了。

科学家带来了好消息，人类正在研发各种代替汽油和柴油的新型燃料。氢能汽车是由氢气驱动的，这种清洁能源不需要燃烧任何化石燃料。所以，新型的氢能汽车不会排放难闻的尾气，只排出水。

氢燃料

宇宙存在的所有气体中，氢气含量最多。像太阳这样的恒星就主要由氢气构成。我们可以利用燃料电池来收集和储存氢气，再用氢气发电。燃料电池会将氢气与氧气结合，产生出水、电和热量。

燃料电池的成本较高，目前还不适合全面推广；氢气加气站系统目前也没有开始建设。但许多人都相信，未来，氢气将发挥重要作用。

科学家说："人类还在开发更多的'可再生'方案。

"这些方案能创造出更清洁的电力，为我们的汽车提供能源。"

一片油菜田

太阳能板将太阳能转变为电能，为这辆汽车提供能源。

生物质燃料

生物柴油是一种柴油燃料，人们从大豆、油菜籽等富含油脂的植物中提取植物油，再将植物油制成生物柴油。从餐馆收集废弃烹调油，再经过过滤和精炼程序，也可以制成生物柴油。将生物柴油与普通柴油混合，就能给燃油汽车提供能源。

生物乙醇则是一种通过发酵植物糖分制成的酒精，它主要由糖和淀粉作物制成，包括甜菜、小麦、高粱、玉米和甘蔗。生物乙醇一般会被加到其他燃料中，来提高这种燃料的性能，同时减少污染排放。

缩减人口

大洋和海约71%

数学家给大家展示了一幅图表，上面清楚说明了我们能居住的土地多么有限。地球的表面主要由水、山地、沙漠、林地和沼泽构成。

“地球表面只有不到三分之一的陆地，剩下的都是海洋。而且只有不到一半的陆地适合人类进行农业生产。

持续增长的人口

这张图展示了目前惊人的人口增长速度。千百年来，地球人口数量都维持在30亿以下；但过去60年间，人口数量已经翻了1倍不止，现在的地球总人口已达80亿。按每年新增8200万人的速度计算，到2050年地球总人口估计将达到100亿。

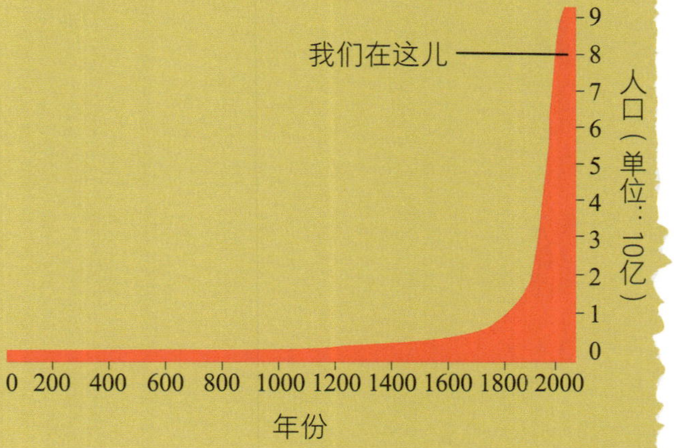

淡水河流和湖泊约2%

沙漠约4%

冰雪原约5%

山脉约7%

岩地和沼泽约3%

可用于农业生产的土地约8%

“在可耕种面积如此之少的情况下，很难满足这么多人口的饮食需求。目前，世界上大约有7.95亿人正忍受饥饿，享受不到健康积极的生活，相当于地球上每10个人中就有1个人正在饿肚子。”

新型农业

世界人口增长得这么快，许多人陷入饥饿，但农民很难找到新土地来种植农作物。

忍受饥饿的孩子

开垦更多土地用于耕种，几乎无一例外地对环境造成了破坏。因为这些土地一般是靠砍伐森林腾出来的，砍伐过程中还可能造成水源污染和土壤侵蚀。

而且，不是所有的土地都会被用来种植庄稼、提供粮食。举个例子，巴西境内遭破坏的雨林面积达15 000平方千米，但这些新腾出来的土地是被用来牧养牲畜，或种植大豆用作牲畜饲料的。

耕地是指农民能够在上面种植庄稼、蔬菜和其他农产品的土地。耕地被利用的次数越多，它的土壤肥力就越小，也就越难生长出健康的作物。

土壤如果被过度利用，就会逐渐变成沙尘被风吹走，这就是土壤侵蚀。

丘陵地区稻田的卫星地图

程序员说："精准农业是一种解决方法。我们可以利用卫星图片来帮助我们改造大片土地，但在改造过程中最好不要浪费太多宝贵的水源，也必须减少肥料与其他有害化学品的使用量。"

"地球联合实验室"是由美国国家航空航天局的地球科学家开发出的一个数据库。它可以利用卫星数据帮助农民做出正确的决定，比如根据每块土地的准确信息来决定怎样有效利用资源。

这张卫星地图显示，在中国某个山谷里，黄绿色的油菜长势惊人。

"但卫星图片包含的信息有限，"程序员接着说道，"我们还要好好利用地面数据，也就是要实地查看土壤情况、拜访农民。"

调整饮食结构

“我们应该改变饮食习惯，”科学家说道，“把土地用来种植牲畜饲料非常浪费。养活一个肉食者耗费的土地是养活一个素食者耗费土地的20倍。”

世界上大部分耕地都用来种植牲畜饲料，而不是种植人类食用的作物。

数学家点了点头说：“美国有2266亿平方米的土地被用来种植牲畜饲料，而用来种植人类食用作物的土地只有161.8亿平方米。”

我们要调整饮食习惯，除了常见的肉类，可食用昆虫也能满足我们的蛋白质所需。

科学家说：“所以呀，未来人类的食物会变得更健康，也更方便获得。大部分食物来自植物，蔬菜、水果、坚果等将成为主要的食材。

今天晚上，科学家打算做一道糖醋蟋蟀给朋友们享用。

“昆虫含有十分健康的蛋白质、脂肪和脂肪酸，有些昆虫的蛋白质含量甚至超过了牛、猪、鸡、羊的肉，比如白蚁、蚱蜢、毛毛虫、象鼻虫和家蝇。”

减少滥砍滥伐

地球表面曾经有14%的面积被雨林覆盖，现在只剩6%。对雨林的滥砍滥伐，不只威胁到生活在雨林中的人与动物，还威胁到地球上的所有生物。

植物能够吸收二氧化碳，释放人类与其他动物呼吸必需的氧气。雨林可以吸收地球大气层中的温室气体，释放氧气。横跨南美洲8个国家的亚马孙雨林就提供了地球20%的氧气，所以被人类称为“地球之肺”。

滥砍滥伐会导致大气中二氧化碳的含量增加，引发全球变暖。

滥砍滥伐导致沃土变成沙漠，这个过程叫沙漠化。

全球变暖导致森林火灾发生更加频繁。

可惜啊，长年累月的滥砍滥伐已经毁坏了大量的雨林。大概每一两分钟，就有一公顷的亚马孙雨林因砍伐而消失。如果按照这个速度继续下去，大约50年后，地球上就再也没有雨林了。

全世界掀起了抗议砍伐亚马孙雨林的浪潮，艺术家正在创作一张海报，表达对这一行为的支持。

滥砍滥伐导致能吸收二氧化碳的树木越来越少。

救救野生动物

随着环境的改变（有时甚至是被人类破坏），野生动物也开始遭殃。我们侵占了动物们的天然栖息地，把它们改造成农田和住宅，哪怕体型很小的动物也会因此死亡，甚至走向灭绝。

每一天，地球上都有物种在灭绝，还有更多的物种因栖息地被破坏、偷猎、气候变化等原因已经灭绝。在世界各地的森林里，正有数百种动物濒临灭绝。

伊犁鼠兔是生活在中国天山山脉的一种哺乳动物。伊犁鼠兔直到1983年才被人类发现，目前它们的数量已经比发现时下降了70%，仅剩不到1000只。伊犁鼠兔的消失跟气候变化脱不了干系。

远东豹是世界上最濒危的猫科动物之一。由于树木砍伐和偷猎，中国和朝鲜半岛的远东豹已经消失，目前只能在俄罗斯东部看到它们。野生的远东豹大约只剩60只。

人类以前专门猎杀巨獭来获取它们的皮毛，导致巨獭数量骤减。现在人类已经不再猎杀它们，但它们依旧是濒危动物，因为它们赖以生存的水生环境（河流与湖泊）被人类破坏，食物来源大大减少。

世界自然保护联盟（IUCN）

该联盟的濒危物种红色名录记录了地球上的濒危动物，这是每个物种全球保护状况的详细清单。

生活在全球各大海洋中的鱼类和海洋哺乳动物，正因为海洋垃圾和污水排放问题面临生存危机。

鸟类也处在危险之中，包括生活在城市公园中的鸟儿。它们会被杀虫剂毒死，还会被人类的宠物捕杀。昆虫数量的减少也会导致鸟类的食物短缺。

婆罗洲猩猩是世界上最大的类人猿之一，它们面临的主要威胁是栖息地消失（人类把它们栖居的森林改造成了橡胶或油棕榈种植园）和非法偷猎。雌性婆罗洲猩猩6～8年才繁殖一次，这么长的生育间隔年限在陆地哺乳动物中很罕见，这也导致保护措施见效缓慢。

加湾鼠海豚是地球上珍稀的海洋哺乳动物之一，全世界仅剩大约60只。它们会被人类非法捕鱼时使用的刺网捕捉，并因此溺亡。

苏门答腊双角犀牛目前仅剩220多头，它们生活在苏门答腊岛和加里曼丹岛的小片森林里。偷猎和栖息地消失威胁着它们的生存。

野生动物拯救我们

全世界大约有24 000种不同的蜜蜂，但它们都面临灭绝风险。这对我们人类来说，后果相当严重。

科学家警告大家，目前正有数千种蜜蜂濒临灭绝。人类对环境的破坏直接导致了世界各地的蜜蜂面临着灭绝的威胁。

我们用杀虫剂杀死害虫，保护庄稼不受病虫害影响，但同时也杀死了蜜蜂。

另外，全球气候变化也在破坏蜜蜂的栖息地，极端的温度正在杀死它们。人类的活动也让入侵物种有机会杀死本地蜜蜂。

为什么这一点如此重要？
因为蜜蜂的消失会给大自然和人类带来灾难。

大自然和现代农业都离不开蜜蜂。它们为开花植物授粉，这些植物在食物链中是昆虫、鸟类和哺乳动物的食物来源。蜜蜂还能提高水果、蔬菜、坚果、种子、辛香料、咖啡和牲畜饲料等作物的产量。

授粉

授粉就是把花粉从植物的雄性部分（雄蕊）转移到雌性部分（柱头）。花粉可以由落在植物上的昆虫、鸟类和蝙蝠携带，也可以由风吹送。授粉过程对植物的生命周期非常重要。植物通过授粉完成受精过程，才能产生更多的植物。我们吃的水果和农作物也是这么来的。

温室气体

我们的星球是独一无二的。在已知的宇宙中，可能没有另一个星球和它完全一样。这是因为地球受益于太阳的热量，受益于构成其气候的风的运动，以及形成其大气层的气体。所有这些因素造就了地球，这个生命能诞生的地方。

温室气体是任何能阻碍热量散发并加剧“温室效应”和全球变暖的气体。由碳元素和氧元素构成的二氧化碳是一种主要的温室气体。

但如果这些好处的平衡被打破，地球上的生命就会遭殃。

而这一切正在发生！人类正向大气层排放超大规模的有害气体，破坏了地球的“保护毯”，也就是环绕这颗星球、阻挡太阳有害射线的臭氧层。

温室气体排放是全球气温上升及其造成的破坏的罪魁祸首。

“如果我们不坐汽车，而是选择走路或者骑车上学，就只利用了自己的能量，没有使用任何燃料。这样能够减少地球的燃料消耗量。”

碳足迹

碳足迹不是真的足迹，但意思差不多。走路会留下足迹，同样的道理，在生活中排放过多少二氧化碳也会留下碳足迹。每个家庭、每个人都会留下碳足迹，这些足迹由个人或家庭、学校、工作场所产生的碳排放量组成。碳足迹的计算以吨为单位，方法是将一年内排放的二氧化碳重量加起来。

你可以在网络上寻找碳排放计算器来计算自己的碳足迹，还可以查询减少碳足迹的方法。计算碳足迹时，你需要记录你家里住了多少人、你消耗的光和热、你的汽车里程数、吃的食物等等。

减少污染

不断增加的人类活动污染了大自然。生物要活下去，就必须依靠地球提供的空气和水，一旦空气和水被污染，所有生命都会陷入危险。

污染是指将有害或有毒物质排放到环境中。这些物质就叫污染物。污染会破坏地球上的水、空气、大气和土地的质量。

污染水质

有害的藻群（藻类是一种生长在海洋和淡水中的生物）失去控制疯狂生长，它们产生的毒素会伤害人类，杀死鱼类、贝类、海洋哺乳动物和鸟类。许多人把这种现象称为“水华”和“赤潮”。

污染空气和水

养殖动物产生的温室气体，比全球交通系统总共产生的温室气体还要多。农场和畜牧业排放的污水污染了我们的河流和湖泊，滋生了细菌和病毒，污染了地下水。

这种红色微生物叫作蓝藻菌，它们会污染海水。

牛会排出甲烷，这种气体跟二氧化碳一样会加重温室效应。

污染大气

繁忙的城市交通产生了高密度的烟尘，这些烟尘既会污染我们赖以生存的新鲜空气，也会损害人类的健康。

污染土地

追求新潮是我们人类的日常欲望，“快时尚”这个词，说的就是我们不顾后果地扔掉还能穿的衣服。有数据表明，85%的衣物和没坏的家庭用品会被我们扔进垃圾填埋场。

雾霾天出行必须佩戴防污染口罩。

除塑料外，我们扔掉的大量日用品和衣物，同样会污染环境。

达成全球目标

科学家提醒大家，世界各国在环境保护方面达成了一致目标。

保护淡水生态系统，实现可持续利用，特别是在森林、湿地、山地和旱地等地区。

提高森林的管理水平，停止滥砍滥伐，恢复植被，大幅增加人工造林面积。

防治土地沙漠化，恢复贫瘠的土地和土壤，包括受干旱和洪水影响的土地。

保护山区生态系统。

尽快做好自然栖息地的保护工作，保护濒危物种免于灭绝。

一共有17个目标，下面列出了其中重要的几个。

让每个人都能享受到价格合理、可靠且可再生的现代清洁能源。

保证消费和生产模式的可持续，比如控制鱼类捕捞和农业用地扩张。

通过预防、减少使用、回收和再利用来减少废物产生，特别是减少塑料废物的破坏性影响。

保护和可持续地利用海洋及海洋资源，实现可持续发展。

各个国家一起努力实现这些目标，共同减少贫困和不平等现象，普及教育，改善人民生活。

用数字说话

地球超载

如果人类按照科学家的建议行动，改变我们利用地球资源的方式，就能减少全世界的碳足迹。我们可以更明智地使用地球自然资源，恢复需求与现实之间的平衡。

能源

如果我们减轻对化石燃料的依赖，利用更清洁的可再生能源，减少对大气层的伤害，地球超载日将被推迟93天。

交通

如果我们减少一半的开车出行次数，地球超载日将被推迟11天。我们要设计制造排放少，甚至零排放的汽车。

全世界有不少城市鼓励市民少开汽车，骑车出行。

人类发明了其他能源制造方式。上图是一个汽轮发电机，它可以把加压蒸汽产生的能量转变成电能。

人们可以在上图的储水箱里种植农作物。这种耕种方式叫水培种植。

食物

如果我们少产肉、少吃肉，地球超载日将被推迟15天。

人口

在合理的生育政策下，如果全世界有一半家庭少生一个孩子，我们可以再赢回来30天。

森林

如果我们再造3.5亿公顷森林，可以有效降低大气层中的二氧化碳含量，再赢回来8天。

多吃蔬菜不等于减少对食物的选择。增加昆虫这一蛋白质来源能够让我们的饮食结构更加均衡。

这座苗圃正将种子培育成树苗。未来，这些树苗将形成新的森林。

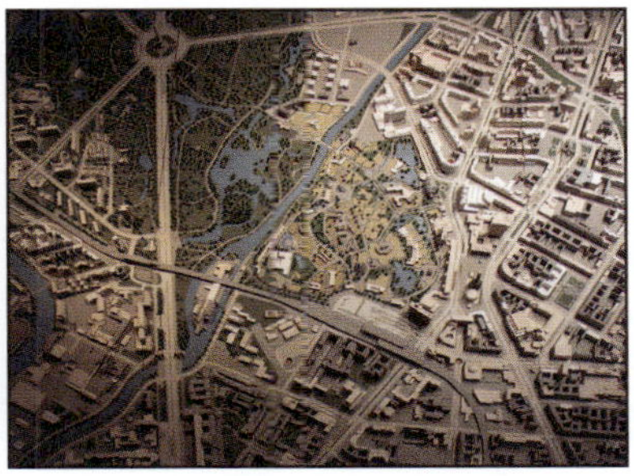

上图是柏林市西侧的建筑模型，模型显示市区需要留出更多的空间以满足人们的需求。

行动起来

科学家说："大家撸起袖子加油干吧！"科研五人团行动起来了，一起去海边捡拾散落在沙滩上的塑料垃圾。

"全世界有很多致力于保护地球的组织，"科学家接着说，"我们每个人都可以加入保护行动，第一时间制止人类对地球的伤害，还可以帮助清理垃圾和修复已经产生的伤害。"

大自然保护协会

大自然保护协会主要保护土地和水资源，它是全世界最成功的环保组织之一，迄今为止已经治理并维护超过4734.8亿平方米的土地，让总长8047千米的河流保持清洁，并成功实施了好几百项海洋保护计划。

绿色和平组织

绿色和平组织致力于揭露全球环境问题，让全人类尽快想出办法，确保我们拥有一个绿色和平的未来。

绿色大巴项目

这是一个由美国学生发起的项目，主要宣传可持续性与可再生能源。学生们乘坐一辆旧的学校大巴做巡回宣传，这辆大巴用废植物油作为燃料。

非洲野生动物基金会

非洲野生动物基金会和非洲人民一起，努力让非洲野生动物与野生环境充满生机。

海洋觉醒计划

全世界的潜水员联合起来保护海洋，海洋觉醒计划为他们提供支持。清理干净海洋中的塑料和其他垃圾，可以造福地球上的每一个人。

每年有几百万吨塑料被人类排入海洋，造成污染。

世界自然基金会

世界领先的保护组织，工作地遍布全球100个国家，拥有超过500万名支持者。世界自然基金会提出了许多创新的解决方法，能同时满足人与自然的需求。

地球观察组织

这是一个国际环境慈善机构，聚集了来自各行各业的人和世界一流的科学家，大家共同为地球的利益而奋斗。

“今天种一棵树”基金会

这个基金会的项目主要是再造天然林，提供环境方面的教育课程，指导人们在不破坏自然的情况下发展居住区。

雨林联盟

雨林联盟致力于转变土地利用思路，让人与森林和谐发展。

想法碰撞

科研五人团的其他成员知道该怎么帮助科学家，让他的地球观测仪更好地完成保护任务。

程序员希望人造卫星计划能继续为人类提供有用的信息。比如Aqua人造卫星在围绕地球运行的同时，能分析研究云体、降水、蒸发和水循环。

工程师希望科学家的地球观测仪能帮忙规划和修建更多的绿色城市，让市民们更加自由地居住、呼吸和出行。

艺术家认识很多艺术和摄影同行，他们在世界各地拍摄野生动物的照片，捕捉偏远地区的美景。地球是人与其他生物共同的家园，他希望地球观测仪能好好投影这些照片，让大家欣赏到这个星球的美丽。

数学家明白，单靠数学拯救不了地球。但数学家能搜集数据、搭建模型、计算概率，这些能力可以帮助地球观测仪对未来做出准确的预测。

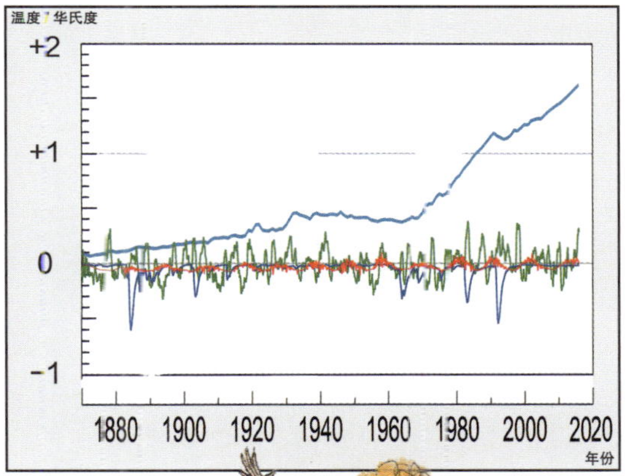

科学家把朋友们的意见都放在了心上。他清楚，这部新机器要完成非常复杂的挑战。

他会好好结合朋友们的想法，创造出这部地球观测仪。

科研五人团灵感拼接

人类在利用地球及其有限资源的过程中，出现了各种各样的问题，科学家都一一进行了探索。他希望，这部机器收集的数据能吸引科学家们和普通人都参与进来，消除我们对土地、空气和水资源的伤害。

他的朋友们也会运用这些数据，找到更好的利用地球自然资源的办法。

知识点回顾

资源

不可再生资源

需耗费很长时间才能产生的资源，一旦被人类用尽，就再也没有了。

可再生资源

大自然能反复产生的资源。

自然界

潮汐

受太阳和月球引力影响形成的海水涨落。

臭氧层

环绕地球的一层气体，保护我们免受太阳有害射线的伤害。

侵蚀

由风力、水力或其他自然力量导致的缓慢的土地毁坏。

生态系统

由生物与环境构成的统一整体，其中的成员们必须相互依靠才能生存下去。

动植物

哺乳动物

恒温的脊椎动物，有毛发，多为胎生，通过乳腺哺育后代。

灭绝

一个物种不复存在，世界上再没有存活的个体。

栖息地

某种动物生活的自然环境。

授粉

在植物中传递花粉以完成受精过程。

象鼻虫

一种害虫，头部较尖，能钻入植物的根、茎、叶中啃食。

雨林

分布在热带或温带地区，由众多高大树木组成，动植物资源非常丰富。其中，亚马孙雨林被称为“地球之肺”。但因滥砍滥伐，雨林的土地覆盖面积由原有的14%下降到了6%。

农业

肥料

为了增加土壤肥力而添加的化学品或自然物质。

耕地

可以让农民种植粮食、蔬菜或其他农作物的土地。

杀虫剂

用来杀死害虫或其他有害生物的一种物质。

牲畜

具有资源价值或肉用价值的养殖动物。

能源

地热能
利用地表下的自然热量的能源。
核能
由核反应释放出的能量，通常用于发电。
太阳能
一种将太阳光照转化为电能的可再生清洁能源。

气体

大气
覆盖整个地球的各种气体。
二氧化碳
一种无色无味的气体，自然存在于空气之中，而且能被植物吸入。它是一种主要的温室气体。
甲烷
一种无色无味的气体，会加重温室效应。
排放
气体的产生与排出。
碳足迹
个人或集体行为产生的二氧化碳排放量。
温室气体
能够聚集热量、加重“温室效应”的气体，它们会导致全球变暖。

燃料

化石燃料
由腐坏植物和动物尸体经过上百万年的演化形成的自然燃料资源。
煤炭
用于家庭取暖的主要化石燃料，它也被工业和发电站用于发电。
氢燃料
燃烧一克氢所产生的热量是等量汽油的三倍，且燃烧后只产生水，没有废渣废气，因此它也被认为是本世纪最理想的能源。
生物质燃料
用作发电燃料的有机物质。
石油
贮藏在岩石层的一种混合液体，可用作燃料。
天然气
在地底自然形成的气体，可用作燃料。
乙醇
一种由糖发酵得到的无色液体。

环境问题

赤潮

赤潮藻等浮游生物或细菌在特定条件下发生爆发式增殖，导致海水变色的有害现象。

地球超载日

地球资源不再能满足全部人类需求的那一天。

快时尚

服装快速生产，人们迅速将旧衣物扔进垃圾填埋场。

垃圾填埋

填埋废弃物品。

滥砍滥伐

不节制地成片砍伐森林。

全球变暖

地球气温上升，导致水源干涸、极端天气频繁出现。

沙漠化

滥砍滥伐或气候干旱导致肥沃土地变成沙漠的过程。

偷猎

违法捕猎动物。

污染

将有害或有毒物质排放到环境中。

环境问题解决方法

地球科学家

地球科学领域的专家。

节约

防止资源浪费。

可持续

防止自然资源减少，保护所有生物。

汽轮发电机

一种将锅炉产生的蒸汽转化为电能的发电机。

全球目标

为创造一个可持续未来而形成的一系列目标。

人工造林

重新种植一片树林的过程。

人造卫星

围绕地球轨道运转的一种人造物体，用于收集地球的信息和图像。

水培种植

一种将植物的根系栽培到营养液中的无土栽培方式。

太阳能板

吸收太阳射线作为能源的面板。

像科学家一样会思考

像工程师一样会假设

［英］费利西娅·劳 著
［英］莱斯莉·丹森 绘
陈宛 译

浙江科学技术出版社

著作合同登记号 图字：11-2023-132号

图书在版编目（CIP）数据

像科学家一样会思考. 像工程师一样会假设 / (英) 费利西娅・劳著；(英) 莱斯莉・丹森绘；陈宛译. -- 杭州：浙江科学技术出版社，2023.8
ISBN 978-7-5739-0673-1

Ⅰ. ①像… Ⅱ. ①费… ②莱… ③陈… Ⅲ. ①科学知识－儿童读物②工程技术－儿童读物 Ⅳ. ①Z228.1 ②TB-49

中国国家版本馆CIP数据核字(2023)第099097号

目录

工程师想要……

工程师决定制造一台既能够测量重量和质量，又能检验平衡性的大机器。这样她不仅能够准确地知道建筑材料的重量，还能保证造出来的建筑足够稳固，不会倒塌。

为了完成这项挑战，工程师有很多工作要做，但是她不着急埋头苦干，而是先利用假设，排除多余的障碍性选项，这样才能又快又好地制造大机器。

第一步，观察并提出问题。在寻找机器配件的过程中，她惊讶地发现，从古至今有许多建筑居然是以倾斜的姿态拔地而起的。她十分好奇，为什么这些“有角度”的建筑不会倒下？

第二步，提出假设。这些建筑不会倒下，仅仅是因为它们的倾斜角度在能承受的范围之内吗？还是有别的东西支撑着它们？

如果是前者，那确保建筑不会倒塌的倾斜角度介于哪个数值区间呢？

如果是后者，那个“神秘物件”到底是什么东西呢？

假设的提出并不是凭空产生的。首先，要坚定不移地围绕第一步的问题展开假设，而不能跑偏到其他问题上去，否则就是无效假设啦！其次，要眼、手、脑并用，而不是毫无根据地猜想。如果你平时善于发现，勤于记录并精于思考，相信我，你一定可以提出许多种假设！

有了上面的假设，工程师觉得问题一下子得到了简化，她对弄清楚倾斜建筑的屹立之谜更有信心了。接下来，她就要和科研五人团的其他成员一起，搜集各式各样的证据来证明或推翻这些假设，从而发掘出倾斜建筑屹立不倒背后的“神秘力量”，并把它应用到自己的大机器中去。

工程师面对的挑战

科研五人团聚集在工程师的工作坊里，他们这是要干什么？

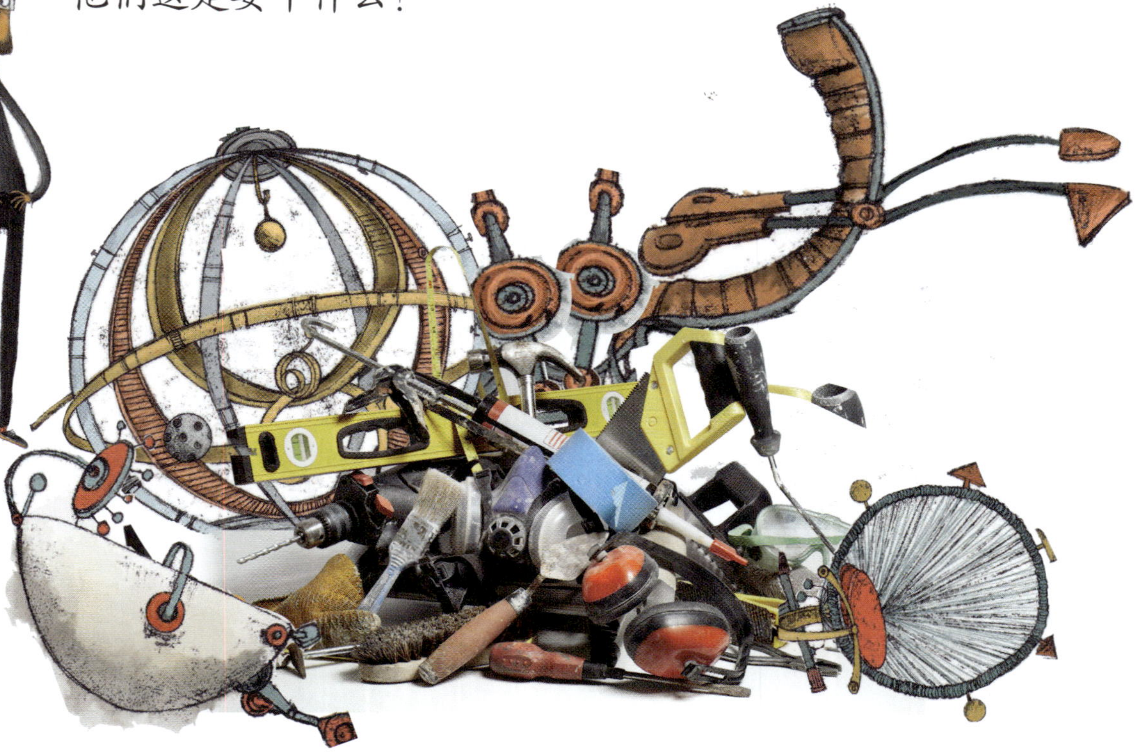

工程师告诉大家：“我在做一个新项目，建造一台能够称出任何物体的重量和质量的机器。

“它还可以检验物体是否平衡。通过这些信息，就能确定我规划的工程结构牢不牢固啦！”

虽然听上去挺简单，但大家还是觉得自己能帮上点儿忙。科学家说：“在平衡这块，你可能需要一些科学意见。”

数学家说：“在数学上计算事物相等或不相等，我也能帮上忙。别忘了还有大于、小于的不等式以及那些等式。没错，你肯定需要我的帮助。”

艺术家也提出了一些有用的点子。

平衡

说起平衡，我们通常会想到重量。通过比较两个物体在重量上是否一致，我们可以判断它们是否平衡。但平衡不只是重量的比较。人类直立行走不会跌倒，是一种平衡；数学中简单的求和或代数的运用，也是一种平衡。我们身边的大自然中存在各种各样的平衡，艺术作品中的许多创意也都运用到了平衡。

什么是物体的平衡

物体是否平衡，通常一眼就能看出来。当物体中心点两边的重量一样时，就能达到平衡，这个中心点就叫支点。

有时候，物体为什么达到平衡状态很好理解，支点也一下子就能看出来。

但也有例外！有时候物体看上去并不“平衡”，但支点两边的重量确实是一样的！

等于“=”

平衡有点儿像数学等式。在这个等式里，等号两边的数字经过计算必须相等。举个例子：

$4+x=7$

$x-3=6$

$22-9=13$

这些等式在代数里会用到。（代数是数学的一个分支。）

平衡不只出现在生活中，它还是一个科学术语。科学家用这个术语来描述两个事物达到均衡的状态。

湖泊达到平衡状态，指的是进入湖泊的水量与流失的水量相等。

建筑工人使用气泡式水准仪来确定物体表面是否水平。玻璃管里的气泡始终能在液体里找到中心位置。

所以，平衡可以通过确保匹配的数量或重量来实现（甚至匹配的科学家），跷跷板两端的重量一致，就可以达到平衡。

什么是物体的不平衡

有些物体有倾斜角度，让支点的两边达不到平衡状态。倾斜度有大有小，但如果倾斜度太大，物体可能会直接倒下。

工程师的新机器可以测量出这样的倾斜度。

在不倒塌的情况下，一个建筑物的倾斜度到底能达到多大呢？

比萨斜塔的倾斜度曾经达到5.5°，这么大的角度已经让建筑有倒塌风险了。但经过修复，它现在的倾斜度只有3.99°。

别小瞧了跷跷板，把一块木板架在一个支点上，就组成了这样一台简单的平衡机器。想让跷跷板达到平衡，必须在木板两端放置重量相等的物体。

在一个稳定的结构中，支点或重心两侧物体的倾斜角度必须是一样的。

接下来，让我们探索平衡和重力吧。

在重力的帮助下

引力是物体之间相互吸引的力。我们在地球上感受最多的引力，就是重力——物体因为自身质量而被拉向地面。正因为有了这种拉力，物体才有了重量。

质量与重量到底有什么区别？质量指的是物体本身包含多少物质，只有在重力牵引的情况下，质量才会产生重量。

当你跳起来的时候，是重力将你拉回地面的。你能双脚稳当地在地面行走，也是重力的功劳。

在没有重力的地方，比如远离地球引力的外太空，你会直接飘起来。所以，重力对我们来说非常重要！

在你体重平衡的点和地面之间有一条看不见的线，这个点就是你的重心。

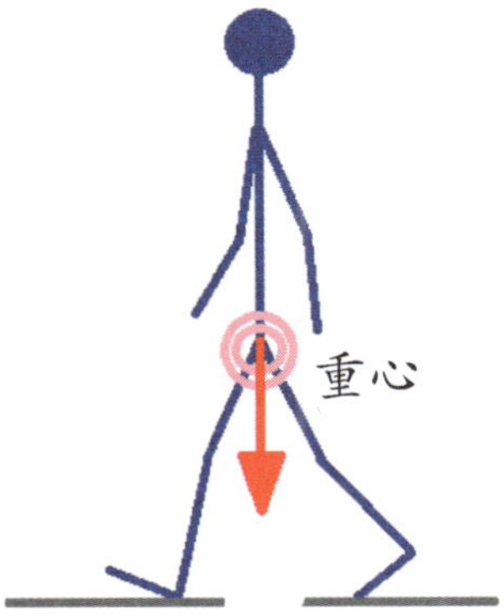

如果这条连接你的重心与地面的直线，落在你的质量范围内，你就可以保持直立；如果这条直线落在你的质量范围外，你就会跌倒！

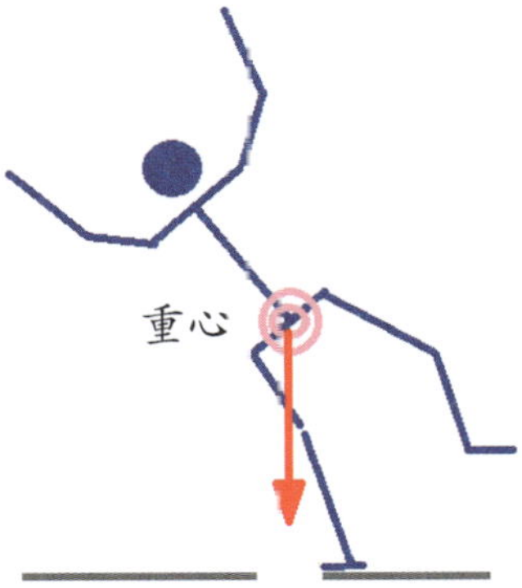

建筑结构也是同样的道理。

在一个建筑结构中，如果连接重心与地面的直线落在结构的质量范围内，这个结构就可以立起来；如果连接重心与地面的直线落在结构的质量范围外，这个结构就会倒塌！

与重力共舞

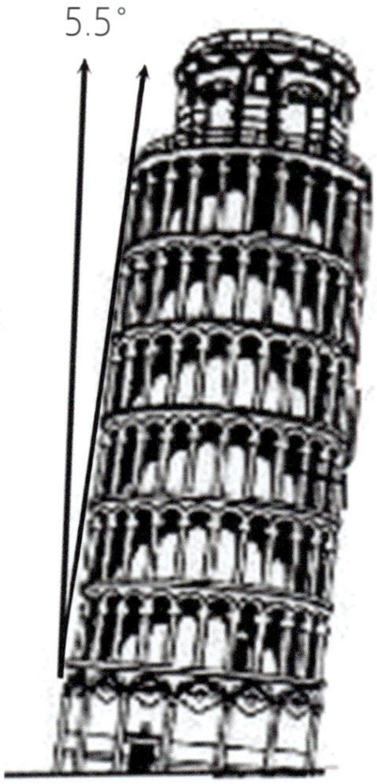

比萨斜塔的倾斜角度曾达到5.5°。

倾斜的塔不一定都是古人造的。当代的建筑师们也在设计现代的倾斜建筑结构，有些建筑的倾斜角度甚至处于危险边缘。要建造一个倾斜建筑，首先需要准备大量的钢筋混凝土，以及数百根深入地底近30米或更深的地桩。

位于美国内华达州拉斯维加斯大道的转向塔，两座大楼各自向相反方向倾斜4.6°。

位于斯里兰卡首都科伦坡的牵牛星大楼，它的倾斜角度达到13.8°。

阿布扎比斜塔，它的倾斜角度达到令人惊叹的18°。

角

由形状构成的角度以“度”或“°”为单位。一个完整的圆周是360°，它的四分之一就构成了一个90°的直角。

比直角度数大的角，叫钝角；比直角度数小的角，叫锐角。

一个直角

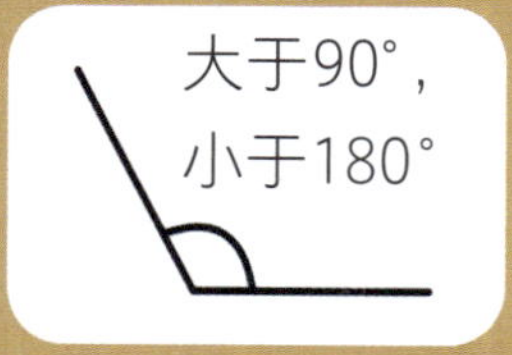

一个钝角

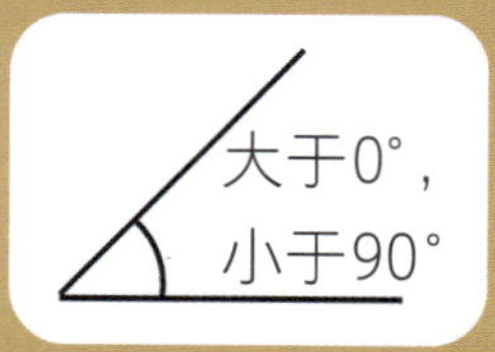

一个锐角

位于西班牙首都马德里的欧洲之门，这两座大楼的倾斜角度达到15°。

位于波兰索波特的扭曲的小房子，它们看起来摇摇欲坠。

位于俄罗斯的涅维扬斯克斜塔。

“跳舞的房子”，位于捷克共和国首都布拉格。

位于荷兰首都鹿特丹的一组立方体建筑，它们倾斜的角度令人震惊。

位于加拿大蒙特利尔的奥林匹克塔是世界上最高的斜塔，它的倾斜角度达到了45°。

人体内的平衡器官

你的耳朵并不只是脑袋一侧的一片皮肤，它们其实深入头骨，有重要的工作要做。在耳道的最内侧，有帮你维持平衡的关键构造。

半规管具有维持平衡的作用。它内部包含淋巴液和感应纤毛。如果你把头偏向一边，淋巴液就会跟着流动，而感应纤毛会把信息传递给大脑。

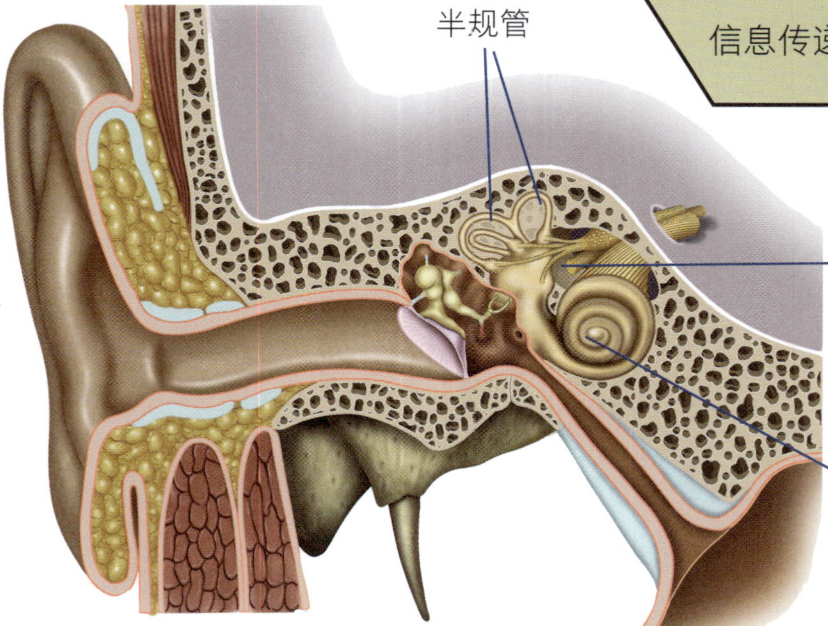

人耳内部构造图

当你站起来，碳酸钙结晶会压住囊底的感应纤毛。而当你躺下，碳酸钙结晶又会沉淀到一侧，压住不同的感应纤毛。

纤毛的神经会将信息传递给你的大脑。

小猫也能保持平衡，甚至比我们人类做得更好！小猫的平衡感非常优秀，它们可以在只有几厘米宽的围栏上轻松漫步，完全不怕。它们的内耳构造跟我们人类的差不多，只是半规管的数量比人类更多，每个半规管里包含数百万条感应纤毛。

小猫的尾巴有维持平衡的作用，一旦遇到重心不稳的情况，尾巴就会主动出击，从一边摆到另一边，作为加重的“配重”。

配重一般就是重物，用来平衡另一侧的重量，让整个物体更加稳定。配重一般用来平衡起重机，也用来防止建筑物倾斜。

还记得比萨斜塔吗？图中的配重被放在了比萨斜塔地基的一边，这样塔就不会倒塌了。

身体平衡

艺术家提醒工程师，很多艺术家有完美的平衡能力。他们利用身体达到平衡状态，展现出优美甚至让人惊叹的身姿。

芭蕾舞演员在特殊舞鞋里放置了小方块，仅利用脚尖就能达到平衡。她必须用脚尖当作支点，让身体处在平衡状态，才不会跌倒。

马戏团演员、杂技演员和其他的表演艺人锻炼出了强壮结实的肌肉，能有力地支撑自己的身体。他们可以拉伸、弯曲身体，做出高难度的动作供观众欣赏。

一位体操运动员利用强大的肌肉力量来保持平衡。

芭蕾舞演员通过脚尖保持平衡。

要想轻松倒立，只需让两只手和头摆成一个三角形——头部充当三角形的一个顶点，双手则充当另外两个顶点，这样就可以分散来自身体各部分的力，从而稳稳倒立。

艺术家接着说道：“差不多每个人都可以学会倒立。记住，两只手和头的位置要摆成一个三角形，这样能最好地保持身体平衡。”

演员在表演中经常运用平衡买完成动作。

拱门平衡

工程师发现了关于拱形的新知识，她打算把这些知识加入平衡机器。隧道和桥梁都运用了拱形。

拱形建筑是一种弯曲的结构，用来跨越或穿过豁口，常用于桥梁设计。拱形结构可以支撑桥梁及桥梁上物体的重量。

拱形能将重力向外推，将重量分散到两边的基座上。

搭建拱门的石块会被切割成楔形，它们互相承受重力，这样整个拱形建筑才会稳定。

拱形结构支撑起了这所位于西班牙赫罗纳的房子。

拱门中最后放下的一块楔形石块叫拱顶石，它被放在拱门最中间，封住了整个结构。

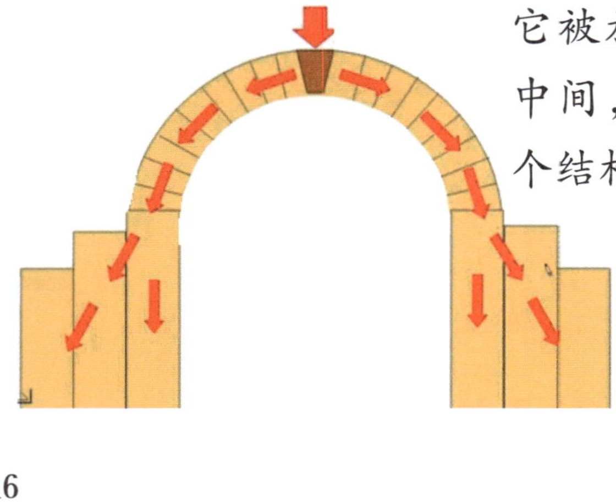

艺术家在创作雕塑时，也会运用拱形。大自然存在许多由风雨侵蚀而形成的天然拱门，它们给艺术家的创作带来了灵感。为了让拱形立起来，艺术家和工程师利用了相同的物理规则！

一个天然的石头拱门，位于美国犹他州拱门国家公园。

对称拱形

数学家加入了对话。她提醒工程师，对称结构是最稳固的，因为这种结构的重量被均衡地分摊到了匹配的两侧。

“古罗马人在1800年前建造出的对称拱形，到现在都还稳稳耸立！”

著名的加尔桥是一座古罗马渡槽，它的结构主要是对称拱形。

蝴蝶的对称体形，让它拥有了强大的飞行能力。如果你在蝴蝶的正中间画一条直线，直线两边的形状是一模一样的。

对称

对称是指一个图形相对的两部分在大小、形状、位置等方面完全一致。如果你画一条直线穿过一个图形的中心，直线两侧的形状一模一样，这个图形就是完美对称的图形。这条划分出两个对称半边的直线，叫对称轴。

乌兹别克斯坦塔什干的阿利舍尔·纳沃伊车站，它是对称的。

一座非对称雕塑

非对称描述的是不对称的形状。拱形也可以是非对称的，比如图中的这些拱形。

迪拜运河上的拱桥运用了非对称的设计。

影子和倒影有时候可以成为一个图形的完美复制品。对称图形的影子或倒影也是对称的。

倒影可以创造出镜像。也就是说，图像被翻转了，可能是左右对调，也可能是上下对调。但你仍然可以找到对称轴的位置。

完美的平衡结构

有些建筑物同时运用了拱形和对称，因此变得格外坚固、均衡。

它们可能是曲面的，也可能是直的，甚至可能是由不同形状交织或组合形成的。

其中最坚固的一种形状是半圆穹顶，因此很多建筑设计都会使用这种形状。

用雪块做成的冰屋。

穹顶是一种建筑结构，就像是一个空的半球体，通常用在一些比较庄重的建筑上。

世界各地的著名建筑都喜欢使用穹顶。上图：位于印度的泰姬陵；右图：位于美国华盛顿的国会大厦。

位于俄罗斯莫斯科的圣巴西勒教堂。

数学家告诉工程师，有种特殊的穹顶可以用在她的设计中。巴克敏斯特·富勒发明的网格状穹顶，是目前建筑能运用的最坚固的结构之一。

网格状穹顶

这种穹顶的最基本结构单元是等边三角形，也就是三条边长度相等的三角形。

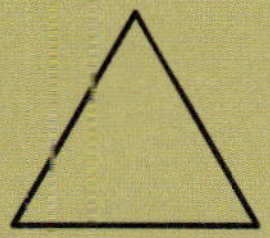

六个等边三角形可以组合成一个六边形。

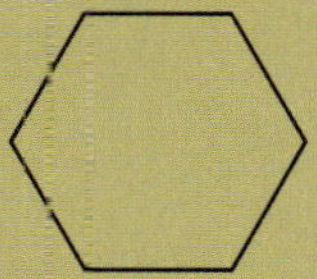

多个六边形连接在一起，形成一种网状结构，看上去好像很脆弱，但其实非常坚固。

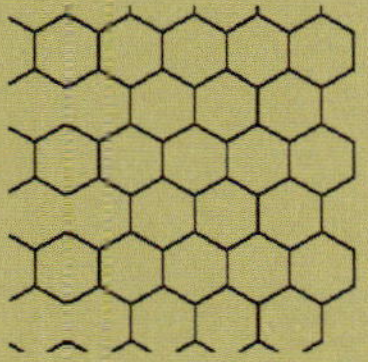

美国建筑师巴克敏斯特·富勒发明了网格状穹顶，这是唯一一种能直接从地面开始搭建的大型穹顶结构。

全球有成千上万的建筑都用到了网格状穹顶。

“工作的时候，我从不考虑美观。但工作完成时，如果成果看起来不美观，那它肯定有问题。”

——巴克敏斯特·富勒

计算机辅助设计（CAD）来帮忙

工程师还不确定平衡机器最终会是什么样子，所以请了程序员来帮忙。

程序员告诉工程师："现在几乎每个工程师和建筑师都用计算机来设计。这种特殊的技术叫计算机辅助设计，简称CAD。

"CAD能将你的想法或理念变成设计，帮你计算出具体的测量数据，还能直接将这些重要的信息发送给建筑工人。

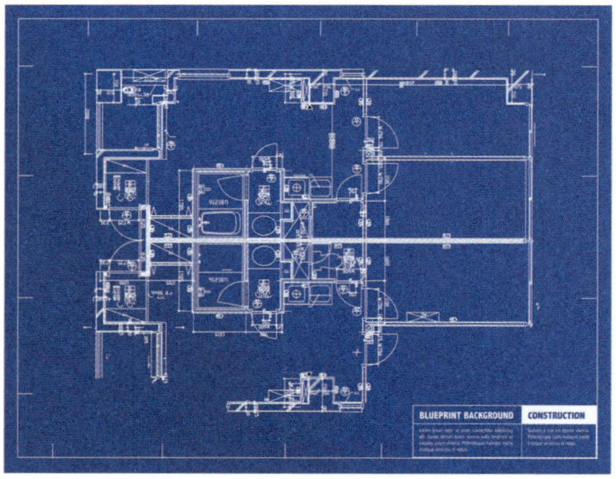

楼层平面布局的CAD模型

城市天际线的CAD模型

利用CAD查看住宅设计图。

“但CAD生成的图片只能显示在计算机屏幕上，就和书本里的插图一样。如果你想让它使用起来更方便，可以打印图纸。即便如此，CAD仍然是很棒的工具，能让设计出来的建筑物更加可靠！”

全息影像技术能记录并再现物体的三维图像。建筑师们现在可以利用这种技术把自己的想法直接展示出来，就像真实建筑的迷你版本一样。

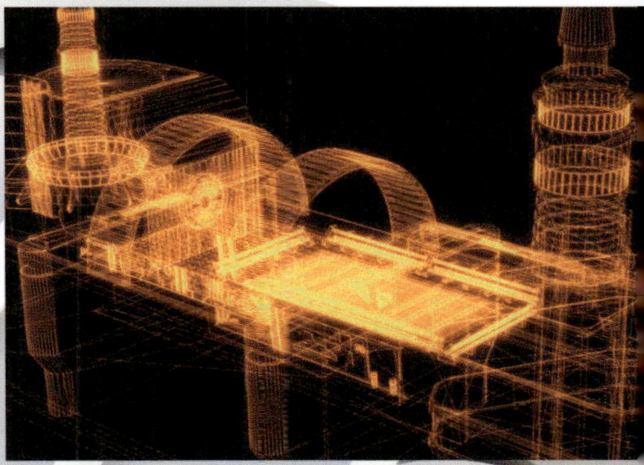

一幢工业建筑的三维线框模型

你可以从各个角度观看三维模型，建筑的前方、后方、上方都看得清清楚楚，甚至还能看到里面！

建筑师查看全息影像模型。

3D打印

程序员说，他的3D打印机能直接打印出任何结构。3D打印技术对建筑师和工程师非常实用，利用这种新技术，他们就能把脑子里的想法变成模型。

3D打印机以塑料、金属或混凝土为原材料，一层一层叠加打印物品。它能依据指令准确地打印出立体物。

3D

3D代表三维。3D图像有长、宽、高三个维度，展示的是立体物。在生活中，你能触摸到的所有东西，都是三维的。

最新式的3D打印机不仅能用墨水和纸来打印，还能用塑料、金属或者木材与胶水的混合物质来打印。它打印出数千个相互叠加的薄层，直到形成一个固体物件或3D物体。

事实上，中国一家建筑公司已经找到了又快又省地打印单层建筑的方法。他们使用了一种特殊的3D打印机，这种打印机喷射出水泥混合物，分层垒好墙壁。所有墙壁只用一天就能打印完成，并且该方法可以在任何他们想要的设计上实现。

第一台用于建筑施工的3D打印机建造的墙壁，该打印机使用了一种特殊的水泥混合物。

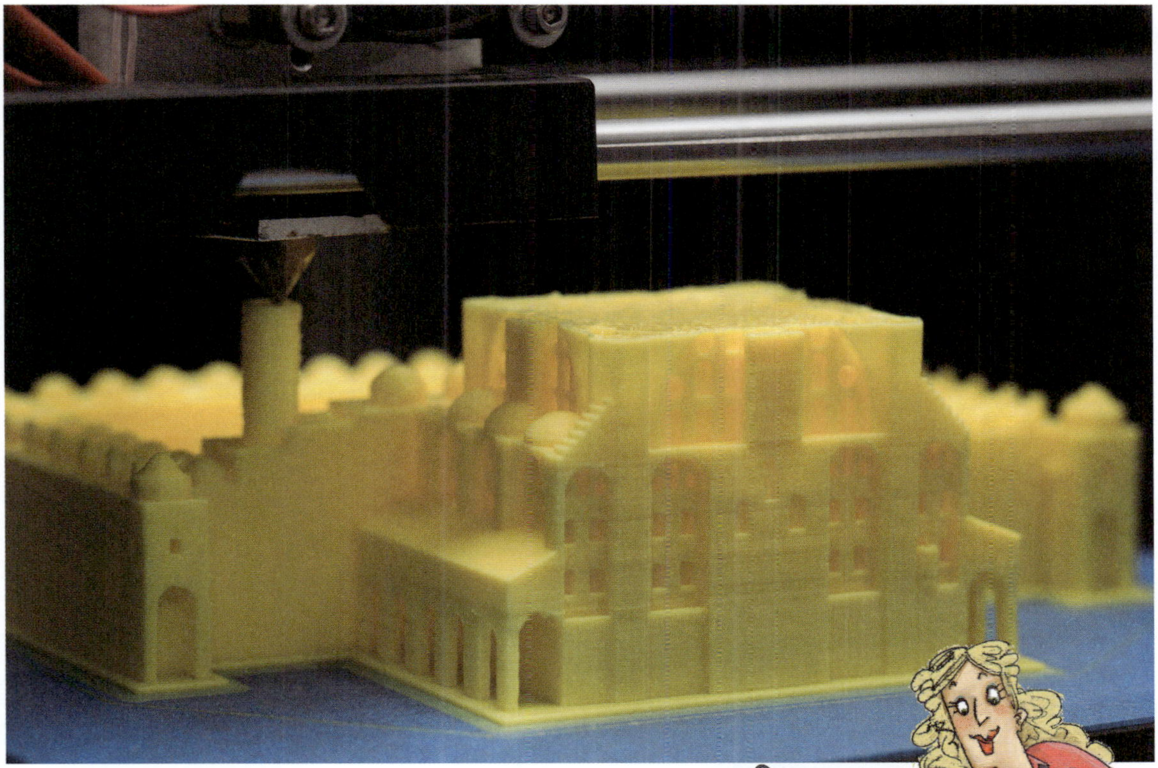

一个3D打印的建筑模型

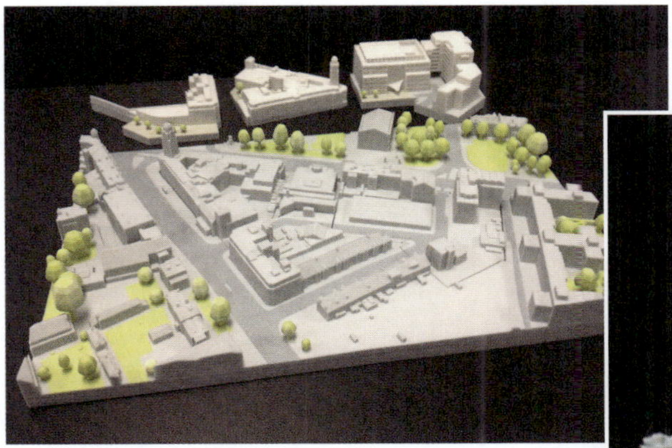

建筑师的设计规划已经完成了，3D打印可以让你了解社区或建筑的实际外观。

生态平衡

科学家提醒大家，平衡是关乎地球生命的最重要问题之一。

他指的是生态系统。生态系统研究的是土地及其上方的大气、水体还有在这个区域生活生长的动植物。

生态平衡

生态系统是动植物及其生存环境组成的动态平衡系统，其中的成员们互相依存。它们共享栖息地，互相影响，互相制约。

许多动植物都生活在图中这样的生态环境中。植物为动物提供稳定的食物来源，而动物在食用植物时也会帮忙散播种子，扩大植物的生长范围。

生态系统一旦失去平衡，动植物和人类都会遭殃。

有很多因素会打破生态平衡，比如气候变化导致降水量、气温、风和阳光的变化，森林火灾、洪涝和干旱也会对生态系统造成持续几个月甚至几年的伤害。

事实上，任何改变都可能给脆弱的生态系统带来灾难。

平衡的思想

科学家告诉大家，人也需要平衡。他介绍了中国阴阳两极的哲学思想，一切事物都受两种相反的力量影响，比如动和静、胖和瘦、吵闹和安静。这些相反的力量其实也是互补的，它们相互平衡。

瑜伽最有名的姿势是莲花式，它能让人平静、稳定。

瑜伽是一种非常古老的锻炼方法，起源于5000多年前的印度。练习瑜伽能让人更有力量，动作更灵活，呼吸更通畅，身体和心灵都能变得更加健康。

瑜伽的一系列动作主要是在控制呼吸和维持平衡。

均衡的饮食

“大家吃的食物也必须营养均衡。”科学家接着说，“健康的饮食要确保营养物质的均衡，健康可是吃出来的呀！

“营养物质是食物的重要组成部分，比如碳水化合物、蛋白质、脂肪、膳食纤维、水，以及各种维生素和矿物质。”

营养物质要靠各种各样的食物来提供。

均衡饮食

食物可以分成四类。每个种类的食物每天都要摄入，这样才算是饮食均衡。

第一类：淀粉类食物，包括谷物、面条、面包和马铃薯。

第二类：蔬菜和水果。

第三类：奶制品，包括牛奶、乳酪和酸奶。

第四类：高蛋白食物，包括肉、家禽、鱼和蛋，还有植物蛋白，如豆类和坚果。

运动中的平衡

工程师继续建造她的平衡机器。她开始研究起这台新机器里的运动零件，还有它们运动时空气流动的方式。

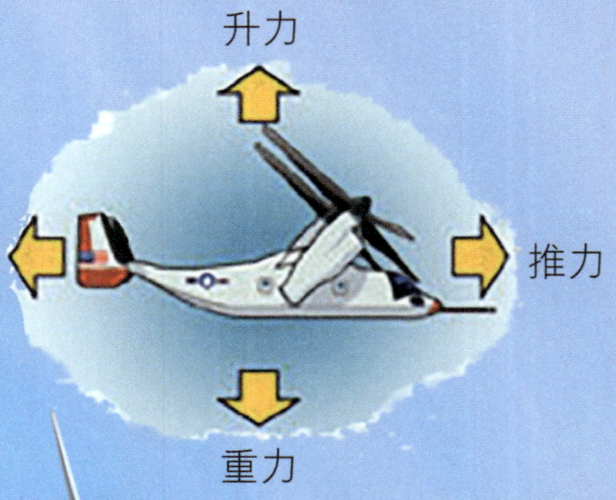

当一个物体在空气中运动时，会对空气分子的运动造成影响。这就是空气动力学。

飞行的四个基础力是升力、重力、推力和阻力。这四种力能让物体上升或下降、飞行加速或减速。每种力的大小，都会改变物体在空气中运动的方式。

一枚火箭正从发射台升空。

空中的风筝受空气动力的影响。

汽车在行驶时也受空气动力的影响，因为空气会从车身流过。

空气动力学解释了飞机起飞的原因。

升力能让物体向上抬升，抬升是飞行的前提。一架飞机要向上抬升，它的升力必须大于重力。飞机的升力来自它的机翼。

阻力让物体的前进速度变慢，使物体不容易运动。

地球上的物体都受**重力**作用，这种力源自地心引力。要想飞机起飞，发动机提供的动力必须克服重力。

推力与阻力是一组作用方向相反的力，推力能让物体前进。在飞机往前飞时，它的推力大于阻力。大型飞机的推力靠喷气式发动机提供。

陀螺仪来帮忙

很多地方都会用到陀螺仪，工程师在她的平衡机器里也安装了一个。陀螺仪以特殊的方式自由运动，有时甚至看上去摆脱了重力的影响！它是非常实用的导航工具。

骑自行车出行的工程师当然清楚陀螺仪的重要性。自行车的两个车轮围绕轮轴转动，无论骑行的速度快慢，是否握着把手，车轮都会保持转动，这就是借鉴了陀螺仪的角动量守恒原理。

另外，她的便携式电子设备、平板电脑和智能手机里都安装了微型陀螺仪。

一架典型的飞机，从导航设备到自动驾驶仪会安装10多个陀螺仪。

在幽暗的深海里，潜艇需要借助陀螺仪导航。

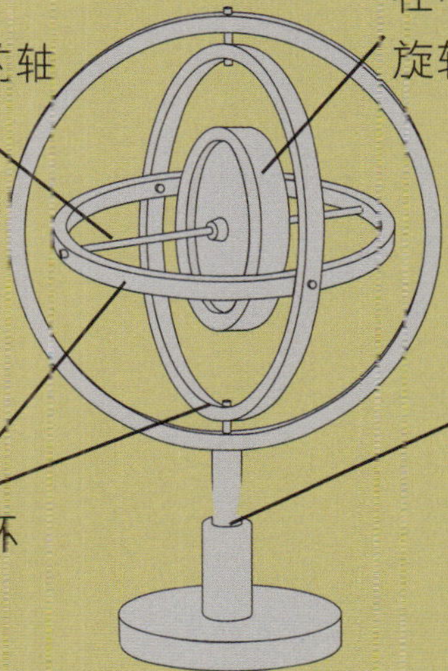

陀螺仪依靠地心引力工作。位于中心能自由旋转的圆盘叫转子，转子围绕一根叫轴的杆子转动。轴永远指向同一个方向。

哈勃太空望远镜安装了多个导航陀螺仪。

动态雕塑

艺术家迫不及待地给大家展示了依赖动态平衡的雕塑作品。这些雕塑的创作者都很有名气，比如杰出的马特·考尔德伍德，他用从家里“找到”的物品摆成平衡的雕塑；还有雕塑家亚历山大·考尔德，他的雕塑形态多变、色彩丰富，极具平衡感。

碰一碰、吹一吹就能让艺术作品动起来，这样的作品叫动态艺术。

动态艺术作品能不停地自由运动，所以你每次都能欣赏到不同的模样。

考尔德创作的动态雕塑在不停移动和变化着造型，为的就是能够达到平衡状态。

考尔德的动态雕塑受到空气运动的影响，模样不断改变。

恰当的平衡

工程师正忙着搭建她的新型多功能平衡机器，数学家告诉她，有些古老的称重装置也能产生非常精确的读数，而且“有的装置我们现在还在使用。”

一部摆秤，金匠用它称量碎金。

安装两个秤盘的厨房秤

平衡的故事

古埃及人会给死人的心脏称重。

古代砝码

古代狮子形状的秤砣

秤砣可以在秤杆上来回移动。

秤盘

称量单位

称物体质量的装置有多个种类，计量单位也有区别。重物一般用吨（1吨=1 000 000克）作为单位，轻一些的用千克（1千克=1000克），特别轻的用毫克（1毫克=0.001克）。根据称量对象的变化，还会用到其他的计量单位。

克拉是称量宝石和珍珠时使用的单位，1克拉=200毫克。

最古老的称量单位是“格令”。它用一粒大麦粒的重量来衡量其他物体的重量，1格令约等于65毫克。格令一般用于金银的称重。

自古以来，双盘天平就象征着正义。正义女神雕像的手上一般都会拿一个双盘天平，它象征着对与错之间的平衡，展现了真正的正义是如何公正地维持着证据间的平衡的。

厨房秤、浴室秤和商店秤能够显示物体的重量。

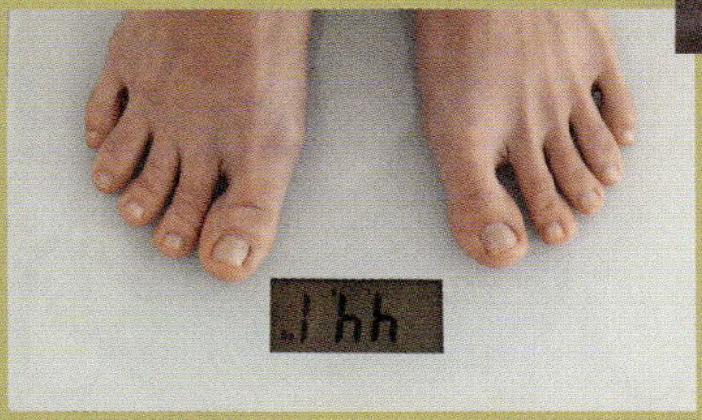

分析天平可以称量小于1毫克的物体的重量。

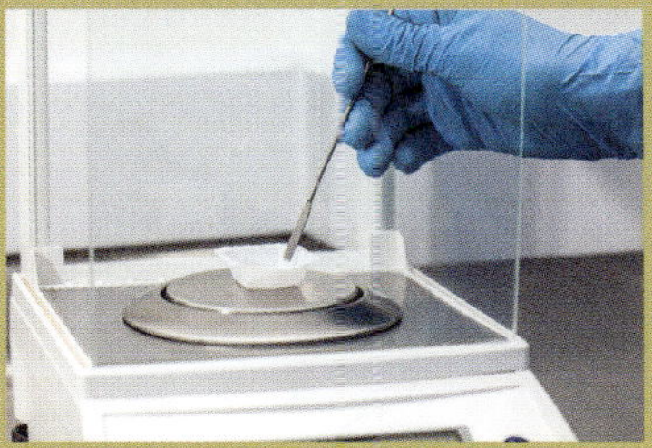

弹簧天平或弹簧秤通过测量承重弹簧受到的重力，来显示物体本身的重量。

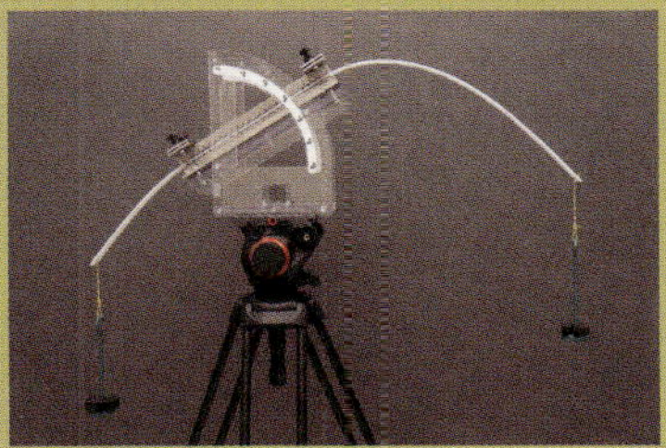

想法碰撞

科学家希望这台机器能告诉大家，科学与自然之间必须达到正确的平衡。工程师的机器构造要尊重我们生活的星球，不能破坏地球脆弱的生态系统。

程序员希望这台机器能利用计算机模型，将工程师的设计蓝图变成现实。使用这台机器，工程师设计的现代化建筑将会十分安全。

工程师把朋友们的意见都放在了心上。她清楚，这台新机器要完成非常复杂的挑战。

艺术家希望这台机器能设计出引人注目的结构。这些结构能平衡各种图形、色彩，达到一种让人激动的和谐状态。

数学家希望这台机器能探索运用图形、空间、大小以及其他数学概念的新方法。

她会好好运用朋友们的想法，创造出这台结构设计机器。

科研五人团灵感拼接

在建造平衡机器的准备过程中，工程师探索了各种各样的平衡。其中许多平衡被她放进了最终的机器中，有的非常复杂，有的则非常基础。

无论怎样，它们都将帮助工程师检验结构设计的稳定性。

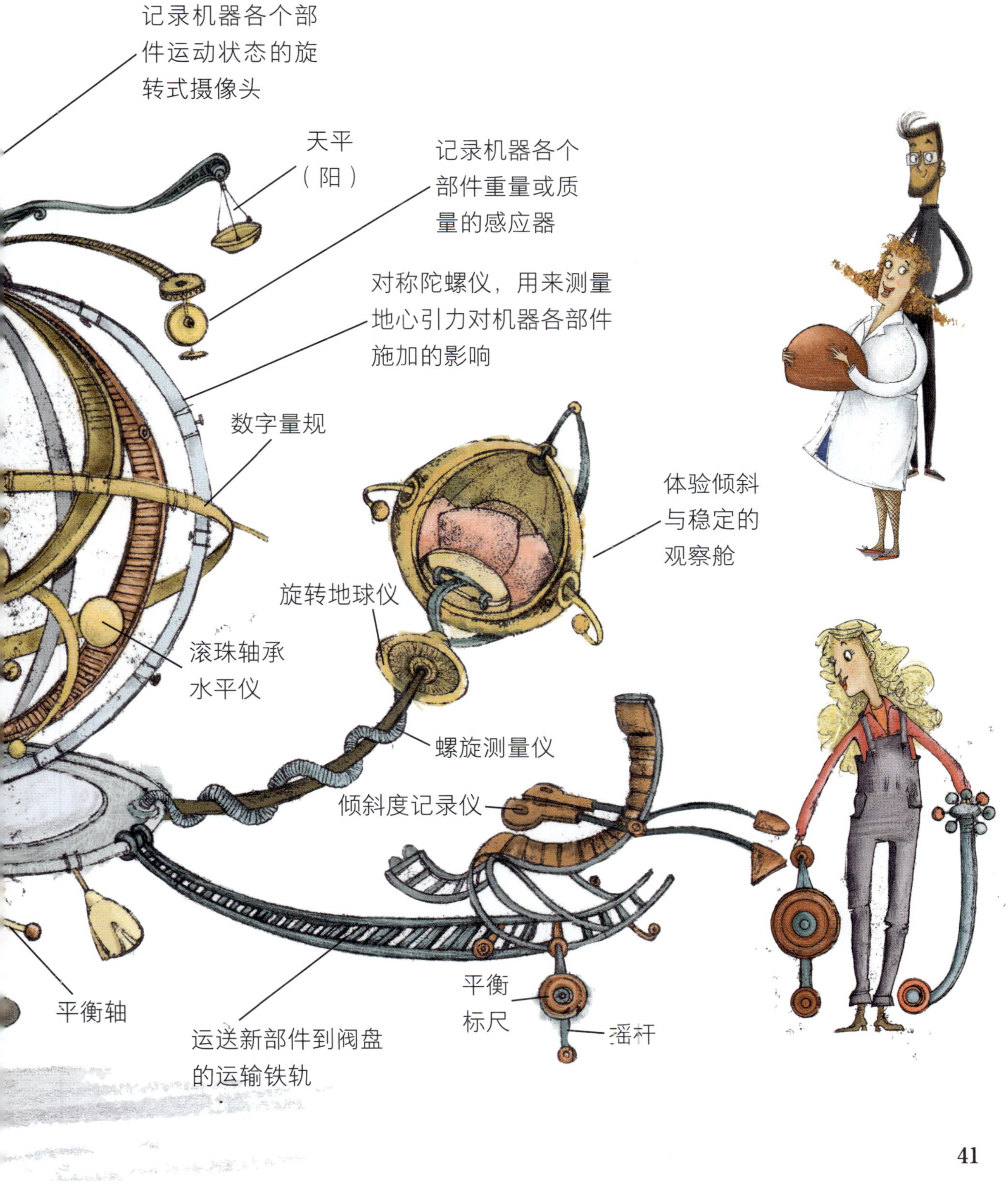
记录机器各个部件运动状态的旋转式摄像头
天平（阳）
记录机器各个部件重量或质量的感应器
对称陀螺仪，用来测量地心引力对机器各部件施加的影响
数字量规
体验倾斜与稳定的观察舱
旋转地球仪
滚珠轴承水平仪
螺旋测量仪
倾斜度记录仪
平衡轴
运送新部件到阀盘的运输铁轨
平衡标尺
摇杆

知识点回顾

角

钝角
角度比直角大的角。

角
由形状构成的角，以度为衡量单位，单位符号是“°”。

锐角
角度比直角小的角。

直角
90°的角。一个圆可以旋转360°，四分之一个圆形成的角就是直角。

形状

等边三角形
三条边长度相等的三角形。

拱顶石
嵌入拱形最中间的一块楔形砖块，能将整个拱形封住。

拱形
一种跨越豁口的弧形结构。桥梁一般会利用拱形结构来支撑自身的重量和载重。

穹顶
一种建筑结构，形状类似半个空的球体。

网格状穹顶
唯一一种能直接从地面开始搭建的穹顶结构，由巴克敏斯特·富勒发明。

力和运动

动态艺术
碰一碰、吹一吹就能让动态艺术作品动起来。这样的作品能自由运动，每次欣赏时都能看到不同的样子。

飞行的四个基础力
包括升力、重力、推力和阻力。这些力的组合能让物体上升或下降、快或慢。每一种力大小的变化，都会改变物体在空气中运动的方式。

空气动力学
物体在空气中运动时，会对空气分子的运动造成影响，空气动力学是研究这种现象的学科。

升力
让物体抬升的力。物体飞行必须依靠升力。

推力
推动物体前进的力，它与阻力是一组作用相反的力。

陀螺仪
一种利用地心引力来运转的仪器，位于仪器中心能自由转动的圆盘叫转子，转子围绕一根叫轴的杆子转动。轴永远指向同一个方向。

引力
引力是物体之间相互吸引的力。

质量
指物体本身包含多少物质。
重力
地心引力牵引物体产生的力。
阻力
让物体减速的力，阻力使物体很难运动。

平衡

对称
一个物体对半均衡，两个半边完全一样。
对称轴
分隔两个对称部分的直线。
非对称
描述一种不对称的形状。
配重
用来平衡另一个重物重量的重物，让某物整体更加稳定。
平衡
中心点两边的重量相等。在科学用语层面，该词描述某物达到平衡的方式，科学家用这个词来表示任何两种事物达到平衡的情况。
阴阳
一种中国哲学理念，认为万事万物都受到两种完全相反的力影响，这两种力是互补的，让事物达到平衡。
支点
物体平衡的中心点。
重心
用一条虚拟的直线连接地面和物体的平衡点，这个点就是重心。

身体

半规管
内耳的组成部分，帮助控制平衡。半规管内部包含淋巴液和感应纤毛，能将信息传递给大脑。
耳蜗
内耳的组成部分，帮助人体维持平衡。
均衡饮食
日常摄取均衡的营养物质，对健康非常重要。均衡饮食包括四类主要的食物。
囊
内耳的组成部分，囊内储存了碳酸钙结晶，它们受重力影响垂向地面。
瑜伽
一种古老的锻炼方法，包含一系列控制呼吸和维持平衡的动作。

技术

计算机辅助设计（CAD）技术

运用这种技术，工程师和建筑师能使用计算机设计作品。

全息影像技术

能用来显示和投射三维立体模型。建筑师使用三维立体模型展示自己的设计想法，这种模型像是真实建筑的迷你版本。

自然界

生态系统

动植物和谐共生的群落及其生存环境，成员们必须互相依靠才能生存下来。

像科学家一样会思考

像程序员一样会分析

[英] 萨伦娜 · 泰勒　著
[英] 莱斯莉 · 丹森　绘
陈宛　译

浙江科学技术出版社

著作合同登记号 图字：11-2023-132号

图书在版编目（CIP）数据

像科学家一样会思考．像程序员一样会分析 /（英）萨伦娜·泰勒著；（英）莱斯莉·丹森绘；陈宛译．--杭州：浙江科学技术出版社，2023.8
ISBN 978-7-5739-0673-1

Ⅰ．①像… Ⅱ．①萨… ②莱… ③陈… Ⅲ．①科学知识－儿童读物②程序设计－儿童读物 Ⅳ．①Z228.1 ②TP311.1-49

中国国家版本馆CIP数据核字(2023)第099093号

目录

程序员想要……

程序员想要制造一台性能特别棒的编码机器，以解决人们日常生活中遇到的复杂问题。

他拿出了自己的看家本领——代码。这可是一种简化问题的法宝。但在埋头敲代码之前，他需要分析人们的需求到底是什么。

比如，农民的需求是了解自己种的庄稼长势好不好，如果不好，有没有快速且精准的方式及时补救？为了满足这个需求，程序员可以这样做：

第一步，明确原因。让农作物长得好，这是终极目标，要实现它，首先应该找到出问题的原因。影响农作物长势的条件有哪些？程序员想了想，他觉得水量、温度、湿度、光照、土壤条件……这些都对农作物的生长至关重要。所以，他认为应该监测这些指标。

第二步，确定操作关键。什么可以监测这些指标呢？程序员想到了传感器。他可以用代码将计算机和传感器连接起来，再将传感器接收到的农作物生长信息传输到电脑上。如果这几项指标的占比失衡，电脑上能看得一清二楚。

第三步，设计解决方案。程序员分析传回的数据，并思考解决方案。知道了农作物有哪些失衡的指标，农民就可以对症“下药”啦。

按照上面的步骤分析问题，一切都会变得简单明了。接下来，程序员要和科研五人团的其他成员一起，寻找各种有用的代码和工具，再把它们放到编码机器中去。他相信这台机器一定会成为人类的好帮手！

程序员面对的挑战

程序员特别擅长解决问题，他没日没夜地为复杂问题寻找解决方案，为提高所有人的生活质量绞尽脑汁。这项任务难度很大，他需要借助某种工具，来让事情变得简单一些……

“我在研制一台编码机，它能为我们的每一份工作找到恰当的工具，”程序员解释道，“这是一种通过计算和交流每项新发明所需的代码来创建高科技设计的设备！

“它还能为未来提供代码建议，这样就能紧跟技术界的发展了。”

数学家说："我能帮上忙。因为我十分了解数字和符号，我还能把代码翻译成简单的语言。"

艺术家说："真让人激动啊！我已经等不及用画笔把这些设计画出来啦！"

"算上我，搭建模型和原型机我最在行。"工程师说。

"我可以在实验室里测试机器的运行效率和性能。"科学家说。

代码

代码，又称密码，是一种由字母、数字或符号组成的特殊语言。这些字符用于表示特定的信息，通常是指需要快速发送或必须保密的私人信息。它既可用于复杂的计算机程序，也可用于命名或识别特定对象。

在计算机程序中，代码十分重要。

技术工具

“我的工作就是发现人们的需求，”程序员解释说，“然后运用我的科学知识，找到满足这些需求的方法。我要创造的机器也必须能完成这个任务：通过设计和发明新事物，让人类的生活更加便利。

“最起码，它必须能解决跟人类基本需求相关的难题。所以我要给下面这些问题找到解决方法……”

食物

住房

交通

通讯

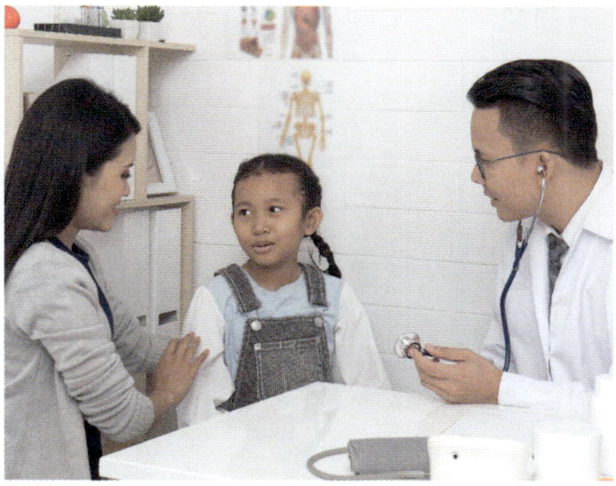

健康

学习和成长的方法

“人类的需求不停变化，我的机器也必须能解决未来可能出现的问题。”

“看来你需要一套伪代码，”数学家说，“伪代码像一套思路的流程图，但它是写在列表中的，能帮你好好规划项目。”

伪代码

伪代码是一套计算机程序所有基本功能的列表。它有点儿像简单的笔记，能用来规划编码指令。

- 识别需求
- 开发思路
- 编写代码
- 创造设计
- 寻找材料
- 构建模型
- 测试原型
- 搭建成品

从头说起

“我们先从历史说起吧……

“数百万年以来，我们人类发明出了各式各样的技术工具，不断提升我们的生活质量。

在150万年前，最早的人类——直立人已经能够生火和控制火。

一把用来切割物体的石斧

“我们的祖先设计出生火的方法，用来取暖和烹煮食物；打磨出石造工具，用来切割、敲打甚至狩猎；还发明出能缝合不同材料的工具，用来制造蔽体和御寒的衣物。

“每次有什么新点子从头脑里蹦出来，我们就会说发生了一场‘革命’……”

我们很可能在10万年前就已经开始缝制衣物。

农业革命

大约在12 000年前，人类还是以游牧方式生活，为了寻找食物只能不停地迁徙。随着时间推移，他们逐渐发现了种植作物和驯化动物的方法，人类开始了定居生活。这就是著名的农业革命。

以泥巴和木头为材料搭建的早期住宅。

工厂机器

早期汽车

工业革命

大约在1760年，人们发明出了能够提高生产速度和效率的方法。他们造出了由水或蒸汽驱动的机器，并在此基础上发明出蒸汽火车和铁路系统。到19世纪末，第一辆汽车也被研制了出来。

数字革命

20世纪后半叶，世界的发展进程再次被技术撬动，而且速度很快。速度更快、效率更高的数字设备取代了机械技术和电子技术，家用计算机、电子游戏、手机和互联网成了当今社会的必需品。

如今，计算机无处不在。

编码的沟通

数学家敲起了鼓，她边敲边喊着："9-12，15，22，5-3，15，4，5，19！"接着又叫道，"J mpwf dpeft。"这一连串的声音让其他人感觉非常奇怪。

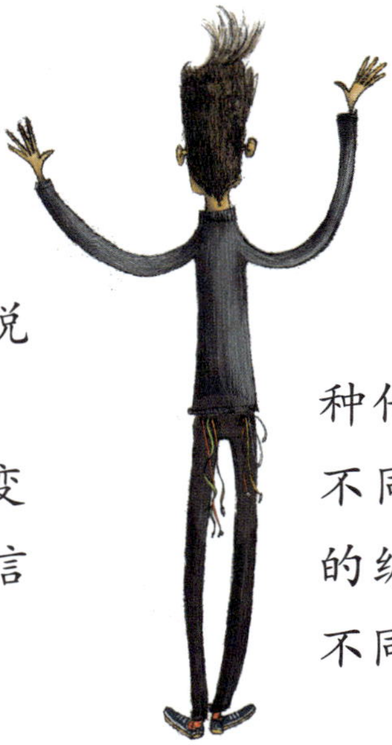

"她是在用代码说话，"程序员解释说，"把要传递的信息转变成数字和字母，这条信息就变成了秘密。

"她还在敲鼓，这是一种传统的远距离沟通方法。不同的鼓点节拍构成了特殊的编码节奏，也相应地表达不同含义。

"下面列举了其他几种早期的编码通讯方法，我会把它们都放进我的机器里。

旗语

旗语发明于1800年前后，用于远距离传递消息。沟通者手持两面小旗，用特定的动作来表示不同字母、数字和其他简短信息。

莫尔斯码

19世纪30年代末，美国发明家塞缪尔·莫尔斯发明出一种利用电信号来传递编码信息的方法，也就是我们常说的电报。他用一种特别制作的开关装置敲打出“点”和“线”，表示字母表中的不同字母。迅速敲击开关一下得到的就是“点”，按下默数三下得到的就是“线”。

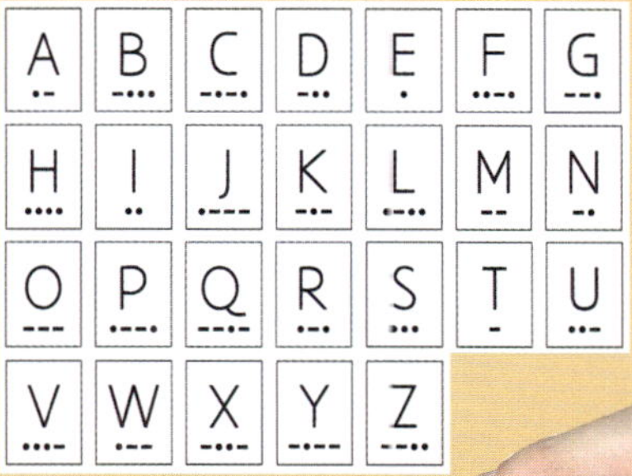

“到了19世纪70年代，我们发明出了电话，人与人之间的沟通变得更加便捷。

20世纪的几种电话

“技术人员想到一种方法，能将人发出的声音转变成一系列电子信号或代码，再将信号通过电缆发送到另一部电话。”

精彩还在后头……

编码的指令

时至今日，我们有了更好的交流方式——计算机。程序员介绍说："计算机由一整套名叫'算法'的编码的指令来控制，它能向计算机下达必须完成哪些任务。"

"我们用来编写算法的代码，称为二进制代码。它只有0和1两个数字，"他解释道，"当0和1被编写成一个长序列时，计算机就会按照二进制指令进行运算。

算法就像是一种分步骤的指导或一系列规则，计算机要完成对应的任务，就必须按照这种指导或规则来工作。

程序员会不断开发出更好、更快的程序与编码技术。

"编写的过程相当复杂，而且必须准确无误，才能让程序正常运转。为了更好地用二进制代码编写程序，程序员必须学会专门的计算机语言。"

计算机语言

计算机语言是用来编写计算机程序的，而程序能指示计算机完成一些特定的任务。计算机有数百种语言可供选择，选择恰当的语言来编写程序很重要，因为针对不同的项目，选用不同的语言效果完全不同……

想在科学、数学、商务和工程领域完成简单程序，推荐使用：
BASIC
FORTRAN
COBOL
SQL
Pascal

想搭建应用程序和网站，以及编写操作系统，推荐使用：
C，C++，C#
PHP
Ruby
Java
JavaScript

学习编程，想制作简单的计算机游戏和动画，或者想编写照片分享程序，推荐使用：
Scratch
Python

程序员兴奋地说道："我的编码通信器能使用上面提到的所有语言，并将包括我最新发明的所有软件！"

软件指的是一台计算机的程序、数据和指令。

编码通信器的硬件

程序员已经着手搜集编码通信器必需的所有软件，但想要机器正常运转，硬件也必不可少。

所以，他又开启了另一段搜寻。他要找到所有的机械装置、接线和各种电子零部件。这次搜寻一点儿都不容易，因为许多硬件都非常小……

硬件指的是机械部件，比如键盘、屏幕、电缆和电路。

芯片

芯片是一种很小的电脑部件，直径约1厘米。主要制作材料是金属和硅，硅是一种能帮助传送电子信号的特殊材料。

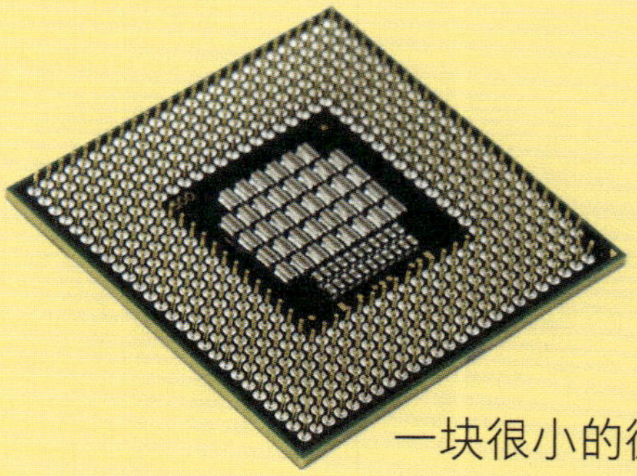

一块很小的微芯片

迷你晶体管

晶体管

晶体管是能被电子信号激活的极小的开关装置，它可以帮计算机在一秒钟内完成许多复杂的运算。一片计算机芯片可能包含好几百万个晶体管。

想让这些微小的零部件顺利运转起来，就得小心翼翼地把它们放在一块叫作主板的平板上。

将电子元件放入主板中

主板是计算机的控制中心。上面布满了电路以及各种开关与连接线，它们能传达指令。

多亏了这些微小的技术结晶，我们现在使用的计算机才能小巧又功能强大。

游戏手柄看上去是小巧又简单的设备，但其实包含了数百万个微小的零部件。

更远更快

艺术家很想弄明白，信息究竟是怎样出现在他的计算机屏幕上的。

“我还是不太懂，”艺术家说，“这些1和0到底是怎么从一个地方传递到另一个地方的？”

铜缆

“是这样的。我们可以用铜缆来发送计算机数据，铜能传递或引导电流。但铜缆传递信息的速度还是太慢了。

“后来我们发现了一种更快的传递数据的材料——光导纤维，它能以极快的速度发送信息，对我们的网络、电视、电话和其他通信需求来说，简直再合适不过了。

光缆

光缆是一种包含玻璃材质的细线，它能轻易地传导光。一旦把代码转变成光信号，它们就能以极快的速度传递信息。

“我们现在甚至能利用发射到太空的通信卫星，实现不用任何线缆的无线通信。”

使用无线技术的智能手机

目前，有超过2000颗通信卫星围绕地球运转。

通信卫星

人造卫星是被人类发送到太空并沿轨道围绕地球运转的一种特殊装置。人造卫星在运转过程中，能发送和接收电话、无线电广播以及电视信号所包含的代码信息。这些代码能让远隔千里的人便捷地沟通。

万物相联

工程师正在画图纸，她想建造更有效率的住宅。程序员提议："干嘛不造一所智能住宅呢？

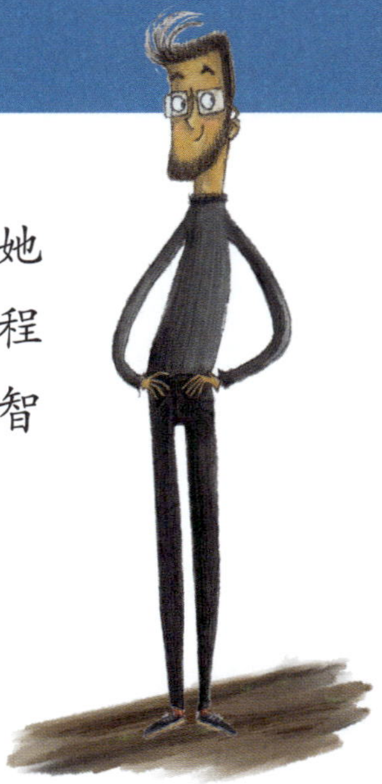

"智能住宅里的所有设备都会被编码，实现计算机化，不管是电灯、门锁、安全系统，还是窗户、供水、供暖和空调。

"所有设备都紧密相连，主人能通过智能手机直接操控一切。"

一所智能住宅

“这就是大家常说的物联网，英文简称IoT。物联网通过互联网将我们所有的设备连在一起，设备能够通过交换编码的数据实现沟通。

物联网将我们所有的设备无线连接起来。

“有了物联网，即便在办公室，甚至远在另一个国家，我们都可以远程操控家里的一切。

“未来，我们与计算机之间的沟通与连接会变得更加方便。到时候我们可以使用一种叫作‘脑机接口’的设备……

“这种微小的硬件能把我们的大脑信号转变成二进制代码。甚至不需要键盘或平板电脑，我们就能直接与计算机‘对话’！”

说到这里，科学家激动起来。他清楚人脑的运作有多辛苦，这个设备能够帮助人脑更好地发挥作用。

人工智能

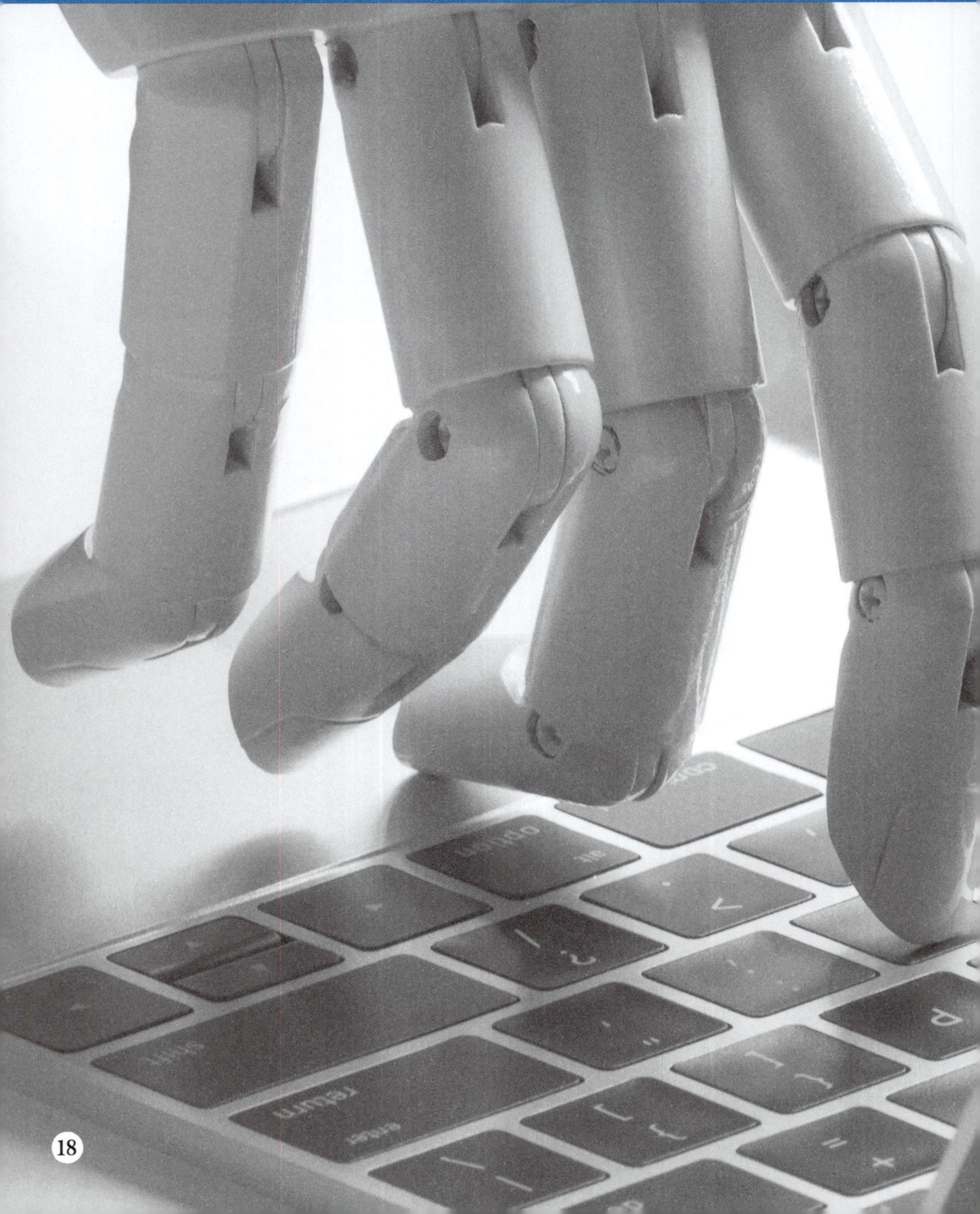

“编码通信器不能每天等着我给它发号施令，或者需要我每天更新程序，”程序员说，“我希望它能独立思考，可以独立发现和解决各种问题。

“要做到这一点，我得为它添加一些人工智能程序，这样就算我不再编写程序，它也能自己执行任务，甚至执行复杂的操作。”

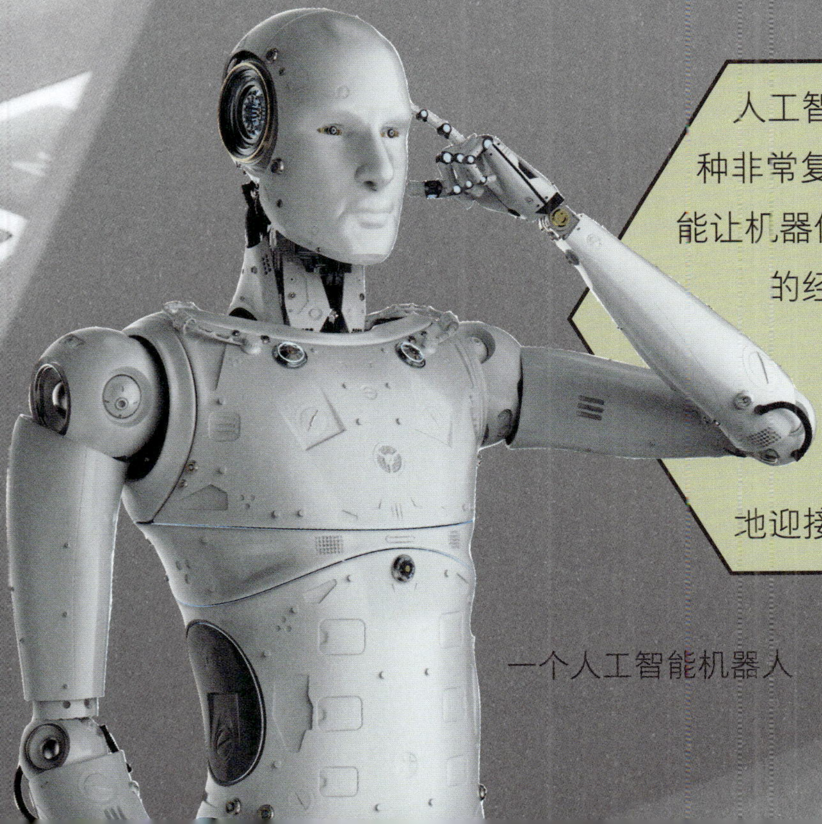

人工智能（AI）是一种非常复杂的电脑程序，能让机器像人类一样通过自己的经验来“学习”。有了这个技能，机器就能不断改善解决问题的方法，更充分地迎接下一个任务。

一个人工智能机器人

不只是一张图片

程序员悄悄告诉了艺术家一个办法，让他能把美术馆里所有绘画作品的细节完整地告诉观众。这个办法就是使用二维码。

自画像

他接着解释道："观众只需要用智能手机扫描每张画旁边的二维码，手机屏幕就会显示更多关于这幅画以及画家的信息。二维码还能提供网络链接，把网上更多的有用信息提供给观众，这样观众就能学到更多东西啦！

计算机屏幕又叫显示器，是计算机设备或电视上显示图像和数据的平面部件，所有的图片和数据都要通过它展示出来。

手机扫描二维码。

二维码

二维码是能用智能手机或平板电脑摄像头读取的图像。它由一组代表特定数据的黑色的点和方框组成。手机扫码的同时，它会将信息转换成我们看得懂的文字与图片。

“你还可以试试一款叫‘增强现实’（AR）的应用程序。

“用户用智能手机拍下这幅画，屏幕上就会弹出另一张图片，为他们提供额外的功能，比如标签或语音描述。它甚至能让画中的人物动起来，好像画中场景活过来了一样！

在艺术馆内使用增强现实技术扫描一幅绘画。

增强现实技术能将计算机生成的图像添加到真实图像里。增强现实程序中包含的信息能让我们更好地理解与体验现实世界。

“另外还有‘虚拟现实’（VR）程序！你可以利用这款程序在计算机生成的世界里进行艺术创作。”

虚拟现实技术还有哪些好玩的地方呢？我们接着往下看！

设计方案

工程师正在设计一座崭新的体育馆。在开始建造之前，她想向客户展示设计图，以确保这正是他们想要的设计。

她打算用虚拟现实技术，创建一幅由计算机生成的、能展现体育馆所有区域的三维立体（3D）图像。

虚拟现实，简称VR，利用计算机技术与特殊的电子装备来创造出一个想象中的立体环境，让观众能身临其境。

工程师说："然后我会给他们每个人配备一副头戴式眼镜、耳机和一副特殊的手套，这些装备能让他们进入我的虚拟世界，身临其境般地进行探索。"

虚拟现实装备

想体验虚拟现实，观众要穿戴下面这些设备：

- 头戴式眼镜用来观看图像。
- 耳机用来聆听声音。
- 触觉反馈手套或虚拟现实触感衣装备了特殊的感应器，让使用者在虚拟世界里产生触觉。

体育馆立体设计

工程师和程序员都觉得，程序员的编码通信器必须包括增强现实和虚拟现实技术。“我已经等不及开工啦！”程序员说道。

数据存储

“代码真的是太多啦，”数学家说，“你电脑的内存空间会被这些代码占据得满满的。”她接着解释，“我看你只能把它们存储到一种叫‘云’的信息存储网络上。

云是一种特殊服务，为人们提供付费的数据和代码储存空间，这样就不会一下子用光自己计算机的所有存储空间。

“云是一系列计算机的集合，它能帮你存储数据。你要是想找回这些数据，只需要上网把它们下载到你的设备上就可以了。”

数学家接着说："你还要保障代码的安全。云能保护你的隐私，不让黑客偷走你的秘密。黑客就是指非法进入计算机系统窃取他人信息的人。

计算机病毒能损坏文件、拖慢计算机运转速度、删除或窃取信息，甚至让整个计算机系统陷入瘫痪。计算机病毒还能在不同设备之间传播。

"云还能确保你的文件不被病毒感染。病毒是外来入侵者植入计算机的代码或程序片段，它会伤害你的计算机。"

服务器机房在云上存储数据。

编码的食物

科学家们都在为编码通信器忙前忙后，完全没时间准备吃的东西。

“别担心！”科学家说，“使用我的快速厨房电器，立马就能做出一桌子美食。我有一台可以切肉的食品加工机，一台食材搅拌机和一台快速加热的微波炉。”

“这些设备都是使用代码来完成任务的，”程序员说，“我要把它们直接输入编码通信器里。

“当然，我还会添加一些未来厨房中会用到的各种神奇器具……

智能厨房

能直接为食材称重的操作台。
能检查食物质量与新鲜程度的餐具。
食材烹煮过热会发出信号的锅具。
能清点食材，告诉主人食材短缺情况的冰箱。

未来的食品包装将使用一种叫无线射频标签（RFID）的特殊标签。它们会向冰箱的计算机发送经过编码的无线电信号，冰箱就能实时监控食物存货，甚至可以自己在电商店铺里订货。

“我们甚至会有3D食物打印机，把我们想吃的食物都打印出来！

“3D食物打印机里面装的不是墨水，而是人类可以食用的液态食物原料。

3D打印的汉堡包

“为了提高太空食物的品质，宇航员们已经在探索这项技术了。

“未来，许多家庭将有一个这样的设备作为厨房的标配！”

编码的农业

代码还能帮助我们种植必需的农作物，目前的数字化农耕方式就经常用到代码，比如挤奶机器人、人工智能农场的机械以及能让农民从高空观察整个农场的遥控无人机。

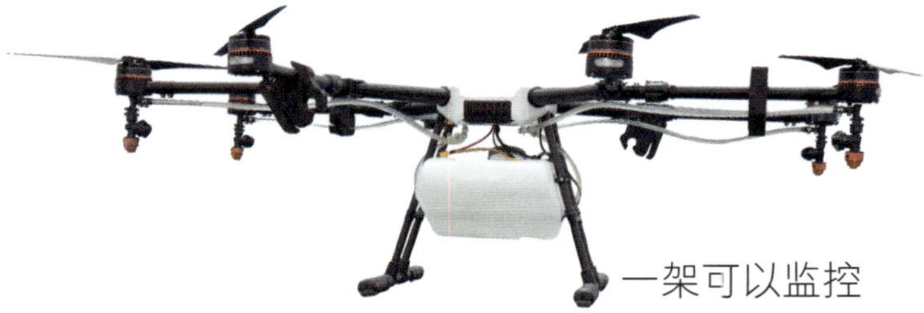

一架可以监控农场的无人机。

机器人正在给奶牛挤奶。

无人机是一种无人驾驶的飞行器（简称UAV）。“飞行员”能在地面用遥控设备向无人机发送指令，操控它飞行。

农场的机械利用人工智能技术完成任务。

未来的农耕方式将使用更多的代码，这些代码必须包含在程序员的机器中……

食物计算机

在未来，许多农作物将被种植在一种被称为食物计算机的特殊编码装置中。这是一种利用传感器和机器人来打理农作物的室内种植空间。其中，传感器会观察植物，通过代码把它们的观察结果发送给一个大型数据库。一旦发现问题，比如水量、光照、温度或营养补给占比失衡，机器人就会听从指令，调整耕种方式，确保产品的完美品质。

一位农民使用食物计算机扫描农作物。

传感器是一种电子器件，它能探测出周围环境发生的变化。它收集的数据将通过代码传递给一台中央电脑，中央电脑则对结果进行处理。

保持健康

编码技术还能让我们身体保持健康状态。从20世纪中期开始，程序员就设计了计算机化的医疗设备来观察和研究我们的健康状况，发现疾病或提供药物，甚至提供临床治疗。

科学家说：“医院里的所有医疗设备，都是借助代码运行的，无论是心脏监测仪、血压测量仪……

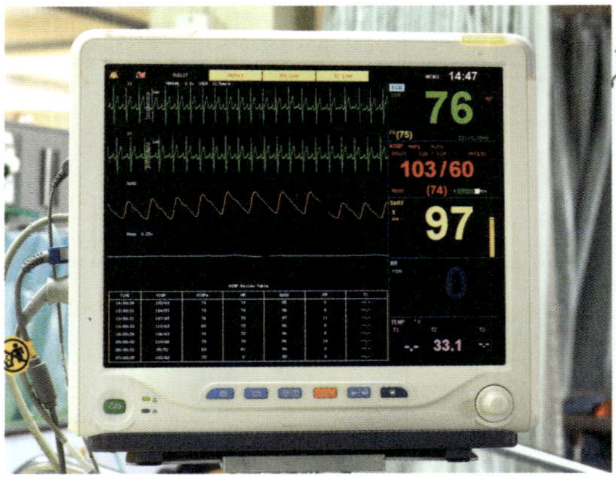

这台特殊机器能显示病人的生命体征。

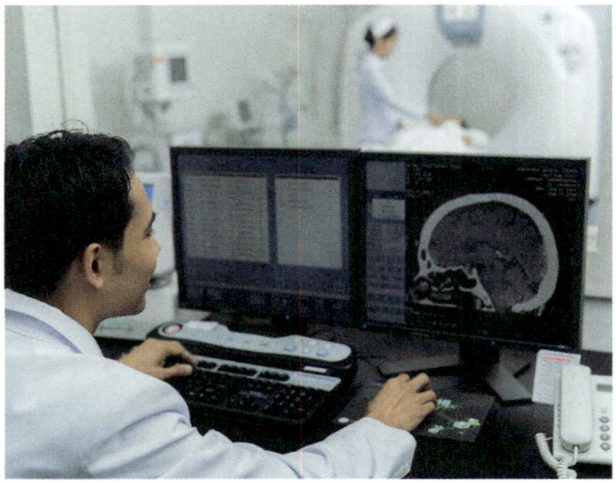

一位科学家在研究病人大脑扫描片和相关的编码数据。

“还是X光机和脑部扫描仪……

“哪怕一支简单的体温计，也能利用代码将病人的体温告诉医生。”

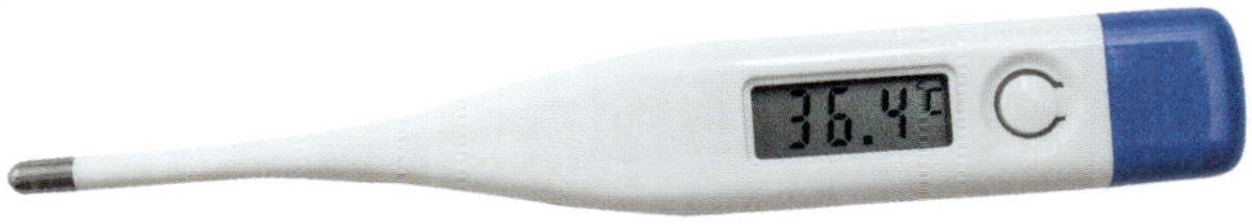

别走，未来的医疗技术更加精彩……

未来仿生学

目前，人类能以金属、塑料和电子器件为原料，用编码的3D打印机制造人工仿生假肢。但在未来，代码能让病人自己选择是否升级他们的身体，变得格外强壮或超级强悍。

安装了一条假肢的运动员

他们可以在眼睛里植入特殊的隐形眼镜片来提高视力，也可以植入交互计算机屏幕。他们可能还会决定在大脑中植入芯片，让自己拥有自动用外语交流的能力，甚至直接实现不需要任何话语的心灵感应。

未来的仿生眼睛

DNA

“其实呀，使用代码的不只有计算机，”科学家说，“所有生物的细胞内部都包含了一种叫DNA的密码，它是每种动植物都呈现完全不同的样子的秘密所在。

DNA是脱氧核糖核酸的英文简称。它存在于人体细胞内，包含所有使我们每个人彼此不同的独特信息。在DNA中发现的密码有四个字母：A、T、C、G。

“但有时候，一组DNA密码可能出现错误，导致疾病或残障。所以我们科学家正全力寻找方法来发现和纠正这些错误。

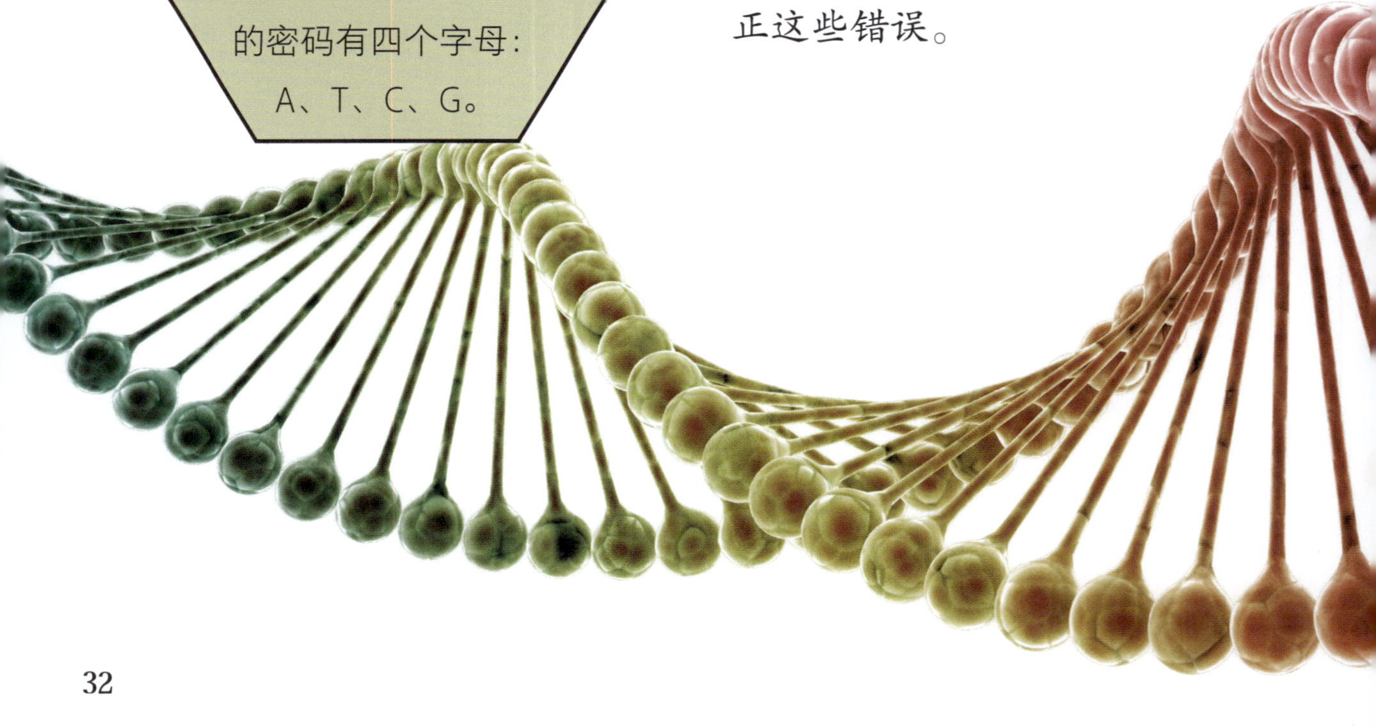

“如果我们成功纠正了这些错误，就能帮人类摆脱很多疾病和缺陷，并为所有人创造一个健康的未来。”

快乐又健康的孩子

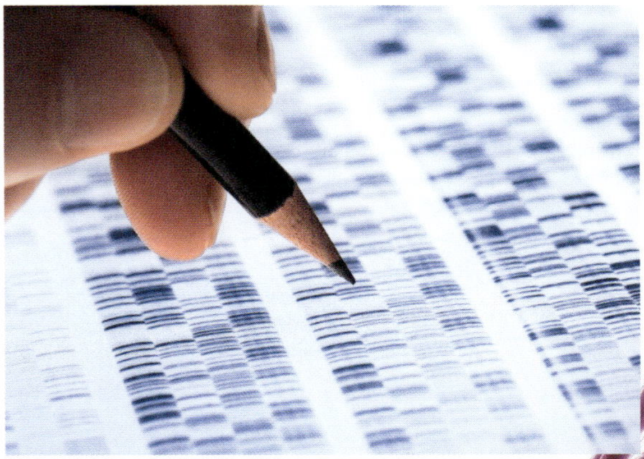

在DNA密码里寻找错误

DNA密码还可以用在未来的计算机技术上。如果用4个字母替换简单的二进制，程序员就能掌握几十亿种新的组合，甚至有机会设计出比现在更智能的计算机。

在功能强大的显微镜下，DNA看上去有点儿像旋转扭曲的梯子。

所以，程序员决定把DNA也放进他的编码通信器里……

出行

程序员在路上遇到堵车，眼看上班就要迟到了。于是他想到：我最好把交通技术的一些代码也放进编码通信器里。

现在，代码控制着公路、铁路和空中的交通。从十字路口和高速公路的标志，到交通信号灯和测速摄像头，计算机系统保护每个人的安全。

一位司机使用全球定位系统找准方向。

“全球定位系统（GPS）以人造卫星为基础，能帮我们找到抵达目的地的正确路线……

过马路信号标志

“……我们还能利用大数据库安排交通时刻表，完成所有的行程预订。

交通信号灯

查看航班起飞时间。

自动驾驶汽车使用代码与感应器通信。

“我们还正在研制无人驾驶汽车，它能用摄像头‘看到’前方的道路，用特殊的感应器‘感受’自己与附近物体的距离。

无人驾驶火车

“这些数据会通过代码传送给汽车的计算机系统，这样就能安全地行驶了。未来，这种编码技术甚至能让我们开发出无人驾驶的火车和飞机！”

无人驾驶飞机

程序员毫不犹豫，直接把这些代码一股脑儿放进了他的机器里……

探索太空

科学家提醒大家，编码技术还被应用在观察和探索地球以外的宇宙空间。

他说：“建造在地表上和太空中的大型望远镜，能帮助我们放大恒星、行星以及其他星系的图像。

西班牙的加那利大型望远镜是一台大型反射望远镜，它利用镜面生成它观察到的图像。

功能强大的哈勃太空望远镜是1990年被发射到太空的，目前仍在正常工作。

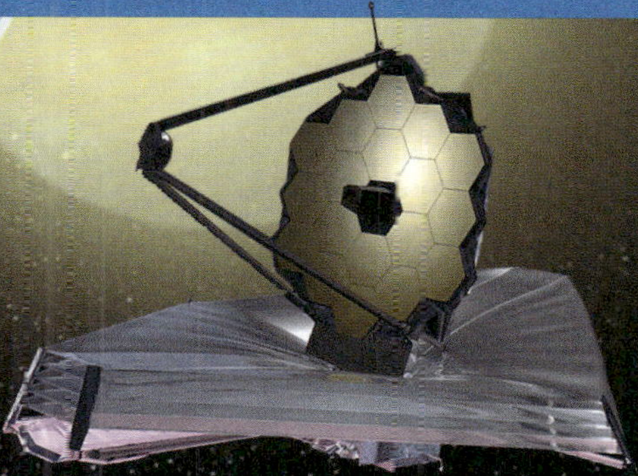

2021年发射的詹姆斯·韦伯望远镜，围绕太阳轨道运行并进行观测。

“同时，人类还发射探测器和人造卫星，来搜集外太空的各种发现物，以及其他星球上的各种特殊数据。

“所有这些信息都将通过编码通信返回地球，帮助我们更多地了解我们所生活的宇宙。”

太空探测器是一种能从太空搜集信息，并用代码把信息发送回地球的设备。“旅行者一号”探测器已经在宇宙中飞行了40多年，它现在距离我们有几十亿千米远，但仍然在向我们发送数据。

想法碰撞

科学家希望这台机器既能推动医学的发展，又能想办法促进太空技术的进步。

数学家希望这台机器既能帮她更深入地理解代码，还能让她学习更多的计算机语言。

程序员把朋友们的意见都放在了心上，他清楚，这台新机器要完成很多复杂的挑战。

工程师希望这台机器能帮助她建造智能住宅，甚至建造所有人和物都紧密相连的智能城市。

艺术家希望这台机器能让他的艺术展览有更多互动，为观众提供更多的信息。

程序员会好好运用朋友们的想法，创建出这台编码通信器。

科研五人团灵感拼接

在建造编码通信器的准备时期，程序员探索了各种各样的代码。其中许多代码被他放进了最终的机器中，有的非常复杂，有的则非常基本。

无论怎样，所有代码都将帮助他创造出未来最让人惊叹的编码发明。

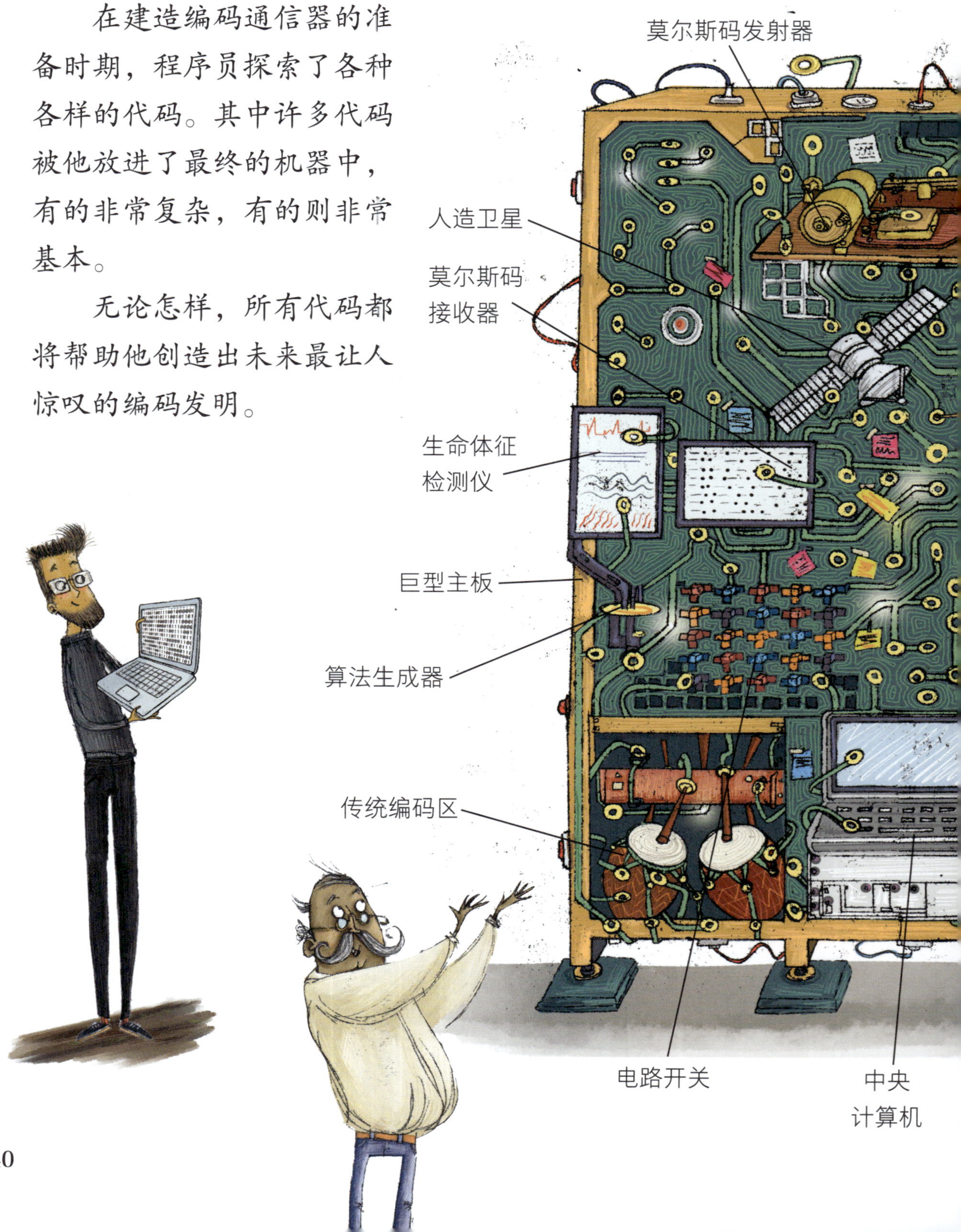

黑客报警器
译码器
增强与
虚拟现
实装备
计算机语
言生成器
对话鼓
卫星信号碟形
接收器
全球定位
系统
DNA错误
寻找装置
晶体管
二进制
编写器

知识点回顾

代码

二进制代码

在计算机系统中，使用0和1两个数字表示字母的编码系统。

密码

代码的另一种称呼。

脑机接口

将人脑信号转变为二进制代码的硬件，能实现人与计算机的直接交流。

脱氧核糖核酸（DNA）

一种存在于所有生物有机体中，承载生物体信息的物质。

计算机

程序

可以控制计算机运行的一系列编码指令。

软件

一台计算机的程序、数据和指令。

算法

让计算机遵守的一套流程或一系列规则。

伪代码

计算机程序所有基本功能的列表。

物联网（IoT）

一种通过互联网将各种设备连接在一起的网络。

下载

将数据从一套计算机系统复制到另一套计算机系统。

显示器

显示计算机生成的图像的屏幕。

硬件

计算机的物理零部件和电路，比如键盘。

主板

计算机的控制中心，布满电路以及能控制指令传达的开关。

数据

病毒

能损坏数据的一段代码。

黑客

非法进入计算机系统窃取数据信息的人。

流程图

表示一系列动作的示意图。

数据库

计算机保存和组织好的数据。

损坏
错误导致某个事物变得不再可靠。
文件
计算机内存或储存器里保存的一段数据集合。
云
在网络上而不是在计算机内存中存储数据的一种方式。

旧技术
电报
通过电信号来远距离传递消息的一种系统。
莫尔斯码
用长或短的光、声音信号，或用“点”和“线”来表示字母的一种编码。
旗语
一种远距离传递消息的方法，手持两面小旗子，以特定的姿势代表不同的字母、数字和其他简短信号。
体温计
用来测量温度的一种仪器。
原型
一种设备的最初或原始形态，其他高级版本都是从这种形态发展而来。

新技术
触觉反馈
在增强现实技术中使用的一种能刺激触觉的技术。
二维码
由一系列黑色的点和方框构成的图片，包含一段特定的信息，能用智能手机和平板电脑的摄像头读取。
感应器
探测周围环境变化的一种装置。
革命
态度或行为上的巨大改变。
光导纤维
一种细而柔韧的玻璃管，可以用来传导光信号。
假肢
人造肢体。
全球定位系统（GPS）
一种使用卫星信号的全球导航工具。
人工智能（AI）
能完成通常需要人类智慧才能完成的任务的计算机系统。
三维立体（3D）
拥有长、宽、高三个维度的物体。

食物打印机
一种不用墨水，而是使用液态食材的打印机，能打印可食用的3D物品。
食物计算机
使用感应器和机器人协助种植作物的室内耕种空间。
无人驾驶飞机（UAV）
不需要人驾驶的遥控飞机，又称无人机。
无线射频标签（RFID）
能发送编码无线电信号的一种标签。
虚拟现实（VR）
利用计算机技术和电子装备创造一个想象的立体环境，观众可以身临其境地体验。
应用程序
可以下载的一种应用。
增强现实技术（AR）
将计算机生成图像添加到真实图像上的一种技术。
智能住宅
内部所有机器设备都受代码和计算机控制的住宅。

电

电路
电流流过的路径。
发射器
利用电磁波来发送信息或信号的设备。
晶体管
由电信号激活的一种微型开关，能在极短时间内帮助计算机完成许多复杂任务。
微芯片
用于制造集成电路以发送信号的微晶片。
信号
发射或接收的东西；发射或接收到的电脉冲或无线电波。

空间

人造卫星
一种发射到太空轨道上收集信息或进行通信的人造天体。
太空探测器
一种被设计用来发送环境信息的无人驾驶宇宙飞船。
望远镜
一种使远处的物体看起来更近的光学仪器。

——像科学家一样会思考——

像艺术家一样会联想

［英］费利西亚·劳 著
［英］莱斯莉·丹森 绘
陈宛 译

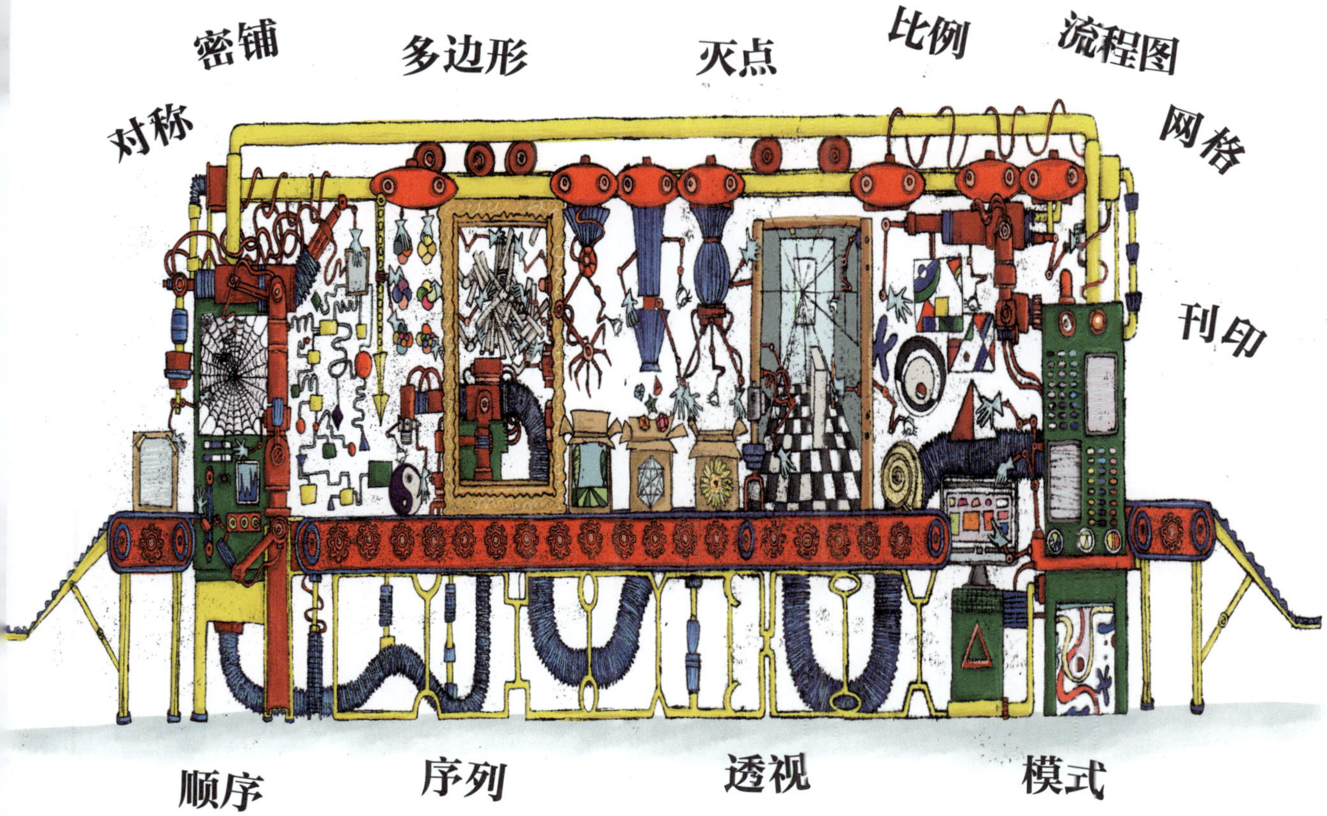

浙江科学技术出版社

著作合同登记号 图字：11-2023-132号

图书在版编目（CIP）数据

像科学家一样会思考. 像艺术家一样会联想 / (英)费利西娅 · 劳著 ; (英) 莱斯莉 · 丹森绘 ; 陈宛译. -- 杭州 : 浙江科学技术出版社, 2023.8
ISBN 978-7-5739-0673-1

Ⅰ. ①像… Ⅱ. ①费… ②莱… ③陈… Ⅲ. ①科学知识 - 儿童读物②艺术 - 儿童读物 Ⅳ. ①Z228.1②J-49

中国国家版本馆CIP数据核字(2023)第099092号

目录

艺术家想要……

艺术家想要制造一部神奇的设计机器，他搜集了一堆奇奇怪怪的玩意儿，这里面居然还有蜘蛛网！你可能会好奇，蜘蛛网和艺术有什么关系呢？

这你可就小瞧艺术家的联想力了，在他眼里，蜘蛛网可是大自然最绝妙的“作品”。你看它的线条从中心向四周辐射，纵横相接，最后形成一张韧性十足又分布匀称的网。

蜘蛛网的这种特殊构造，让艺术家想到了生活中其他的放射状线，比如太阳光线、车的辐条、树的年轮……在绘画中，我们经常利用放射状线来实现透视效果。这样不仅能引导视线沿着线条移动，还能营造出完美的空间感，让作品更加逼真。

这种把看似没有联系的几种事物关联在一起的能力，就是联想力。这是每个人与生俱来的能力，你既可以放空大脑天马行空地想象，也可以就你接触到的事物展开联想。联想是一件很自由的事，它没有标准答案。

有了蜘蛛网给的灵感，艺术家决定再从自然界中的其他生物那里找找宝藏。科研五人团的其他成员也纷纷来帮忙。艺术家已经迫不及待想要看到这台机器创造出的各种有趣、新奇的作品啦！

艺术家面对的挑战

艺术家挠了挠头，他正忙着为制造一部神奇的设计机器寻找零件，目前收集到的零件看起来都很奇特。

这些零件被选中都有原因。有的是因为形状，有的是因为色彩，有的是因为质地，还有的单纯是因为与众不同。艺术家说："它们虽然小巧，却能抓住你的眼球。"

这堆零件里有些东西吸引了科学家的注意，他指着一个玩意儿说道：“看来你找到了大自然亲手创造的绝妙设计！世界上再没有比蜘蛛网更高效、更巧妙的东西了。”

蜘蛛从腹部的吐丝器分泌出蛛丝，再用蛛丝编织成网。

数学家表示同意。网是完美的几何图形，线条从中心向四周辐射，以同心圆的方式不断向外扩张。

“蜘蛛是不可思议的工程师呀！”工程师说，“它们用不了一两个小时，就能织出一张结实好用的网。要是我能有这么快的速度就好了！”

虽然艺术家的计划里没有给蜘蛛留出位置，但他同意大家的说法。看来蜘蛛已经悄悄加入了这个制造计划。

大自然中的放射状线

贝壳上的
放射状线

棕榈叶以叶柄为中心放射状生长。

树干横剖面的放射状纹路

仙人球上的放射状线

湖面上形成的同心圆

艺术家认为，像蜘蛛网那样的放射状线不仅漂亮，还很实用，他建造的机器一定要有一部分能展现这样的设计。

他还知道，绘画一般会用放射状线来表现透视，也就是物体之间的远近关系。

工程师认为艺术家说得很对。她很了解建筑中的放射状线，比如灭点就是透视非常重要的组成部分。

这张自动扶梯照片的灭点非常明显。

当所有的线条都汇聚到远处的一个点时，这个点就是灭点。这个绘画技巧能创造出人对距离和动势的感知。

展现运动

艺术家从蜘蛛那儿学到了很多。网状设计会让你的注意力从中心点移动到外沿的点，就像阳光的射线或者车轮的辐条。这些线条都处于运动之中。

如果一件设计作品让人必须移动视线观看，像旅行似的从一个点移到另一个点，这个设计就更容易让人兴奋。

数学家说：“所有的点会以一定的顺序连接，你必须按照一条路线或既定顺序来前进，就像旅行一样。”

“如果点与点相连的路线需要人自己开动脑筋规划出来，就像走迷宫小路一样，”科学家说，“这趟旅行会变得更加精彩！”

走迷宫时需要按顺序来解决问题。

“这种设计就好像是玩寻宝游戏。”艺术家说道。随后他留下一连串线索，一环接着一环，每个人都能参与。

顺序

哪怕只是解答最简单的谜题，你也要通过思考和规划才能达成目标。你的大脑会全程参与解决复杂的问题，展现推理的技能，提供合理的答案。在各种类型的谜题里，走迷宫需要的是按顺序解决问题的能力。

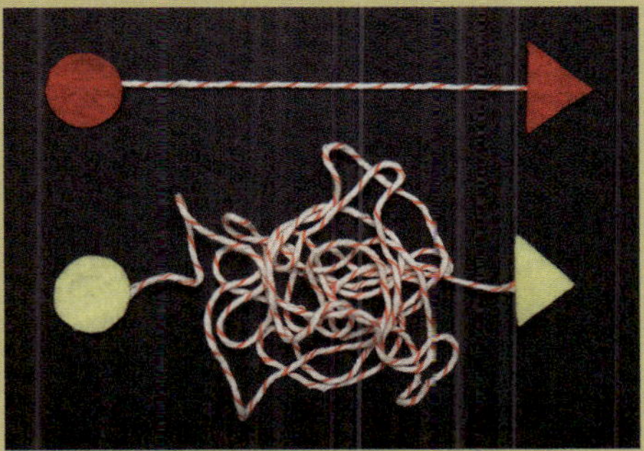

解决问题的路线不一定是一条直线。

流程图

寻宝游戏真有趣呀！大家按照线索提示，从一个地方找到另一个地方，任何一条线索都没错过。

数学家说："规划一场活动最好的方法，就是事前想好解决思路。无论是寻宝游戏还是别的比赛，抑或是一道难题，解决的思路其实是一样的。"

首先，你要认真研究这个问题。

其次，你要考虑怎么解决这个问题。可以画一张"流程图"，将问题的各个部分分开来看，这样有助于理清思路。

流程图是一种由方框和箭头组成的图形，它能分步骤地展示出解决问题的思路。

获得一杯巧克力热饮的8个步骤

01 找到牛奶、巧克力粉、茶匙、马克杯和塑料罐。

02 将半杯牛奶倒入塑料罐里，用微波炉加热两分钟。

03 在马克杯里加入三茶匙巧克力粉。

04 烧一壶开水。

05 在马克杯里加入一半的开水。

06 将巧克力粉搅拌至全部溶解。

07 把热牛奶倒入马克杯。

08 搅拌均匀。

工程师说：“如果想让一个人从A点移动到B点，你可以使用流程图绘制出路线。路线越复杂，流程图也就越复杂。”

工程师向大家介绍了一位擅长制作流程图的意大利设计师。1972年，他设计出了一张能展现纽约市所有地铁线路的示意图，复杂的地铁路线在他笔下变得简洁。

马西莫·维格涅利是一位很厉害的设计师。他管自己叫“信息架构师”，因为他喜欢把杂乱的大问题拆成简单的、便于理解的小问题。

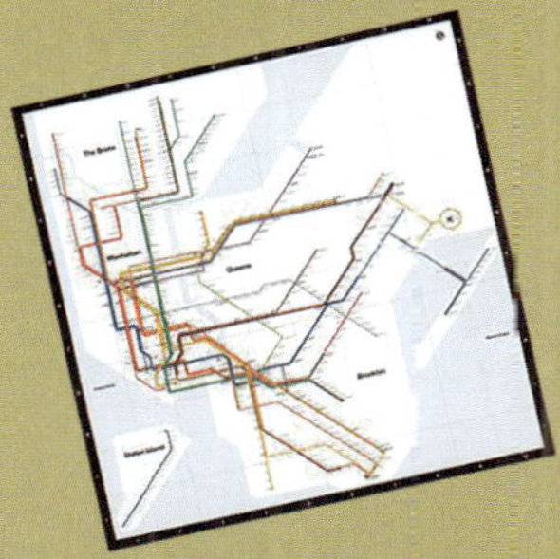

世界各地的地铁线路图设计师都参考了维格涅利的设计理念。这张伦敦地铁线路图清晰地展示出了15条地铁线路，它们可以把人们运送到城市的各个地方。

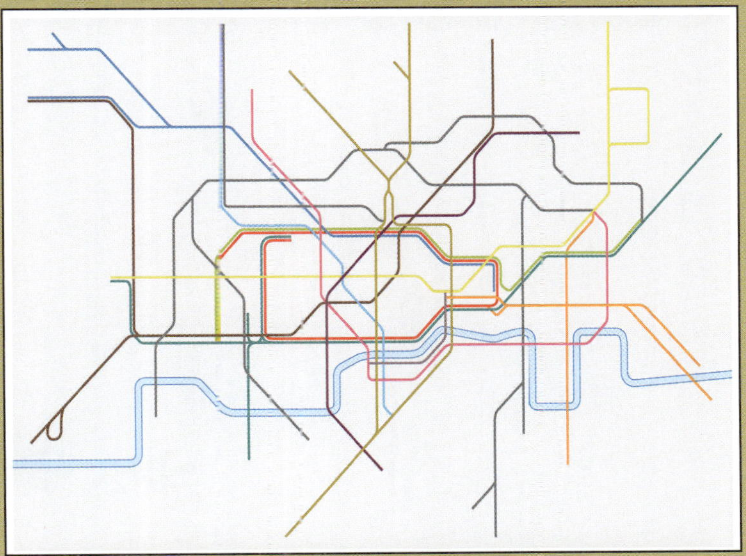

算法

算法是基于“是”与“否”流程图的一套指令，它告诉计算机该做什么。

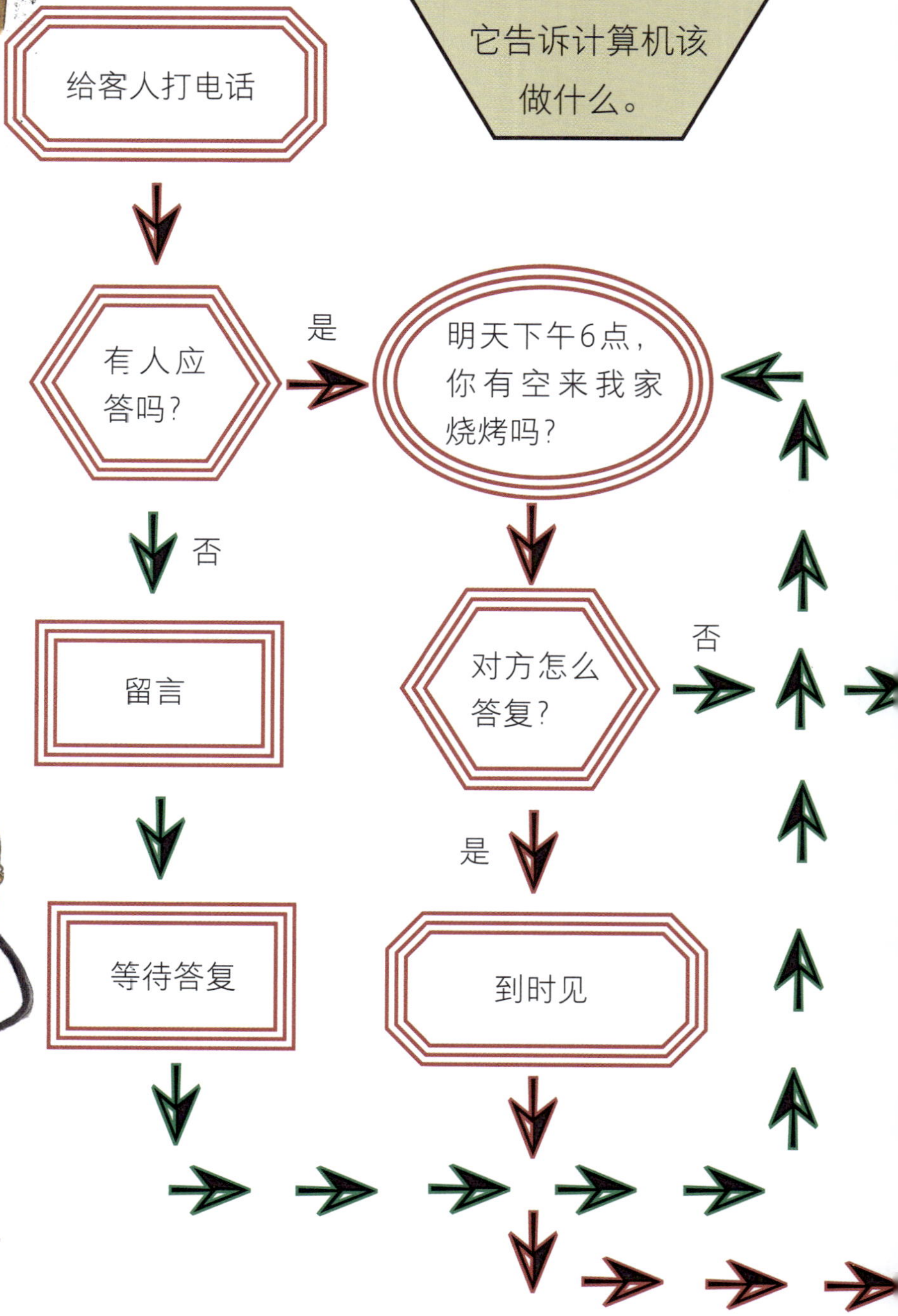

艺术家想邀请大家来吃晚餐，但他不清楚是不是每个人都有空。

程序员答应帮忙。他用计算机设计出一种叫“算法”的流程图，然后计算机会自动将指令转化为计划，供艺术家参考执行。

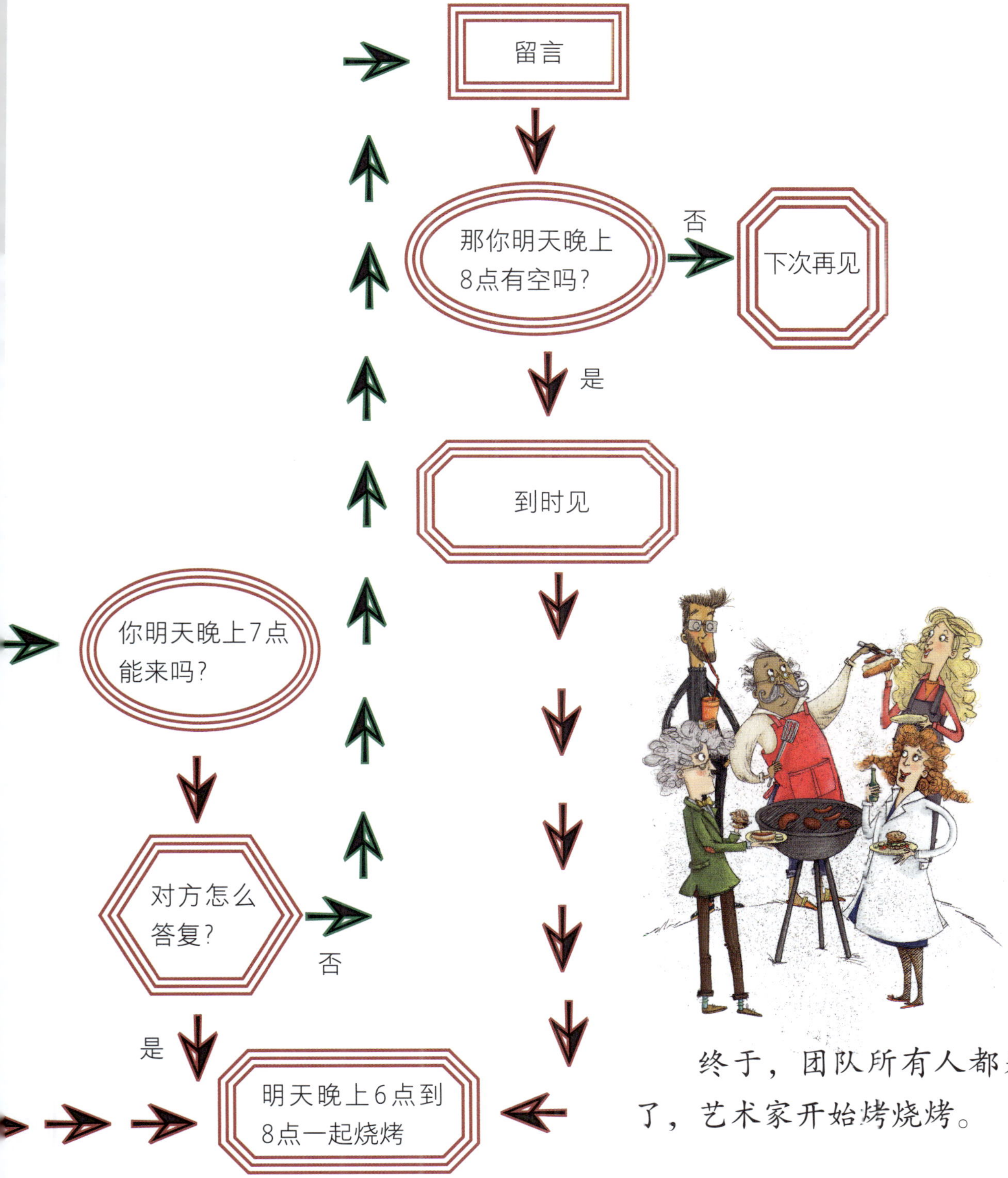

终于，团队所有人都来了，艺术家开始烤烧烤。

组装

艺术家清楚，零件要经过组装才能变成一件不错的设计品。每个单独的零件都有自己的作用，但它们必须以特定的方式组合，才能完成给定的任务。

艺术家和工程师特别喜欢举的一个例子，就是泰奥·扬森那些著名的雕塑作品。他们会去海边，欣赏这些“巨兽”被风吹着沿沙滩缓缓前进。

艺术家说：“多奇妙的设计啊！”他俩都觉得，它们算得上是奇迹般的工程了。

扬森为这些雕塑作品取名叫“风力仿生兽”，或者“沙滩怪兽”。

扬森的这些移动雕塑作品是由数百个零件组装起来的。

不流畅的设计

想象一座扭曲的楼梯，它看上去通往四面八方，实际上却不能让人爬上爬下。旁边这幅由荷兰艺术家埃舍尔创作的著名画作，就展现了这样一座楼梯。

艺术家笑着说：“瞧啊，这种楼梯根本不可能存在。无论你从哪个方向看，它们都不能通向任何一个地方。”

埃舍尔对不同寻常的几何构造十分着迷。

数学家点点头说：“我们再看仔细一些，就会发现埃舍尔对几何学的兴趣。他的作品充分利用长、宽、高三个维度，运用了立方体之类的三维图形。埃舍尔经常打破常规，创造出令人着迷的作品。”

透视法是一种在二维平面上绘制三维图像的艺术表现方法。三维图像会运用到高度、宽度、深度及位置，这些元素之间彼此关联，缺一不可。

设计作品可以打破所有的规则，但看上去依然很赞！

流畅的设计

位于阿塞拜疆首都巴库的海达尔·阿利耶夫文化中心，运用了曲线流畅的建筑设计。

位于斯洛文尼亚首都卢布尔雅那的集市，展现出一条平滑的曲线。

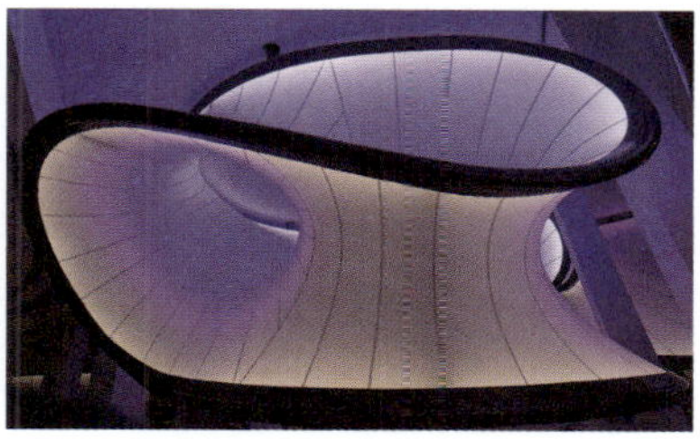

位于英国伦敦科学博物馆内的温顿数学馆，非常富有流动感。

工程师说："有些设计的确是流畅的。不少建筑师会在心里记住流畅的原则，并运用在建筑设计上。这些流体图形能让人的目光顺着曲线平缓地移动。"

科学家则说："有些图形还参考了大自然的设计。"

呈螺旋状的鹦鹉螺壳

英国伦敦市政厅内，一段螺旋形的楼梯蜿蜒而上。

对称的设计

艺术家和科学家在一块儿散步，停下来欣赏那些形状完美均衡的花朵和树叶。它们是最让人惊叹的几何图形。

对称描述的是一种平衡的形状，这样左右两边都是彼此的精确副本。

许多植物都是两侧对称的，也就是一侧与另一侧在形状上完全一样；还有的植物是辐射状对称，以环形或轮状结构实现对称，比如蒲公英种子，无论你从哪一面将它从头到底切成两半，这两个半面都长得一样。

花朵的对称属性，能让小虫子轻易降落在花瓣上。

辐射状对称能让种子朝四面八方散播。

不对称的设计

海绵不对称的形状能让它们形成一个更紧密的团体。

这只小猫的毛色花纹是不对称的。

这只招潮蟹完全不对称，因为它的一只钳子很大 另一只相对较小。

不对称的设计能带来更有趣味、更有力量的感受，但也更难让人在短时间内接纳和理解。

不对称描述的是不平衡的形状。画一条经过这个图形或物体中心点的直线，你会发现直线的左右两边是不一样的。

密铺的设计

数学家知道，形状是一切设计的重要组成部分。有的设计会按照一定顺序来运用图形，比如用同样的图形重复连接或组合。这种重复模式叫密铺，它能创造出有序且整齐的设计。

用正方形、长方形、六边形、三角形都可以完成密铺。

艺术家表示赞同。密铺的例子到处都有，比如地面的瓷砖、墙壁的砖块。

工程师说：“密铺在建筑上也很常见，但不一定引人注目和有趣。”

香港的高层公寓

密铺

密铺是指同样的图形紧密组合，图形间既不重叠，也没有间隙。而且，图形交会形成的点看上去是一样的。

这几种图形能够完成密铺。

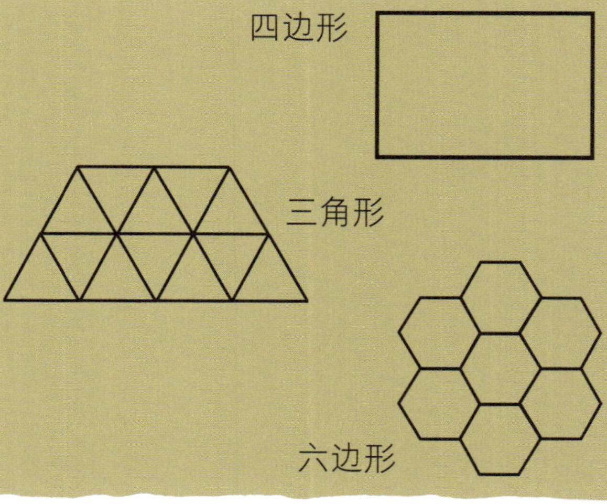

艺术家说："当然啦，拉伸或弯曲后的图形也能运用重复模式，这些图形同样可以组合和重复。当人们欣赏这些重复的图案时，目光可以快速掠过整个设计，因为它不存在焦点。也就是说，没有什么地方能特别抓住你的眼球。

这些图形以一种人们可以探索其整体布局的方式排列。

"这样的重复模式其实很方便用来伪装。你想想看，蛇能借用皮肤上的重复花纹，成功在岩石中伪装以躲避天敌；士兵也可以穿迷彩服，在矮矮的灌木丛里不容易被人看见。"

这个图案给人一种流动的感觉。

重复模式一般不会带来诧异或惊喜的效果。

绘制图形

数学家说："设计一旦用到非平面图形就会变得非常有趣。我们在日常生活中碰到的事物几乎都是三维立体的。

三维图形又叫立体物，它们拥有长、宽、高三个维度。正方体就是一种最简单的三维图形。

"欣赏三维设计需要多花点儿心思。你可以转动整个图形，从前后、上下、左右不同的方位去看。三维设计不会让你感到厌烦，因为它能不断变化以吸引你的注意力。"

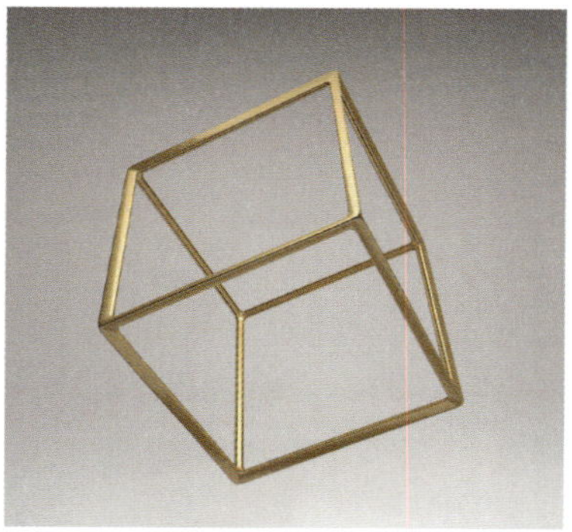

六面体是拥有6个面的多面体。立方体就是6个面均为正方形的正六面体，相邻的3个面相交于一个顶点。

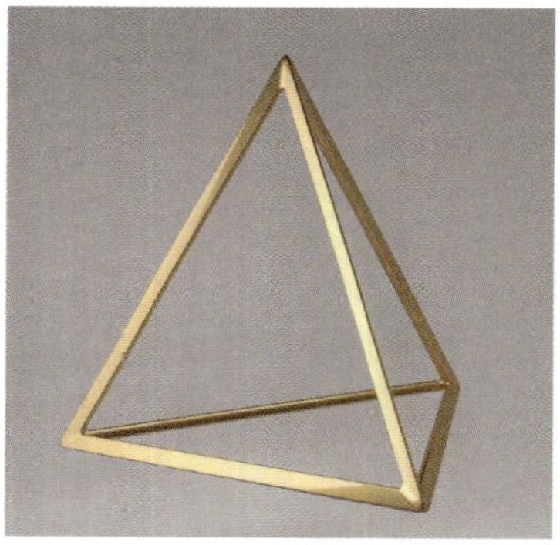

四面体是由4个三角形面、6条棱和4个顶点构成的多面体。

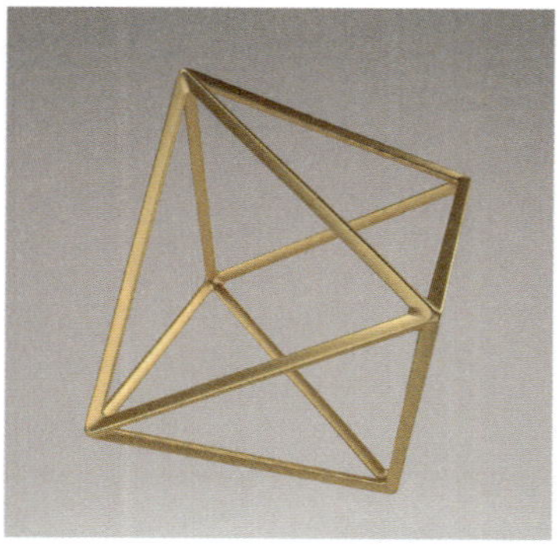

八面体是由8个面、12条棱和6个顶点构成的多面体。

多面体

多面体是拥有三个维度的立体物，它由平面、棱和角构成。

多面体的命名通常取决于它由多少个面构成。五种常见的多面体分别是四面体、六面体、八面体、十二面体和二十面体，它们分别由4、6、8、12、20个面构成。

蜜蜂会制造一种叫六棱柱的多面体。不过这个三维图形其实有8个面，所以也可以叫八面体。科学家在蜂巢采蜜的时候发现了这种图形。

蜂巢是由许多六棱柱构成的。

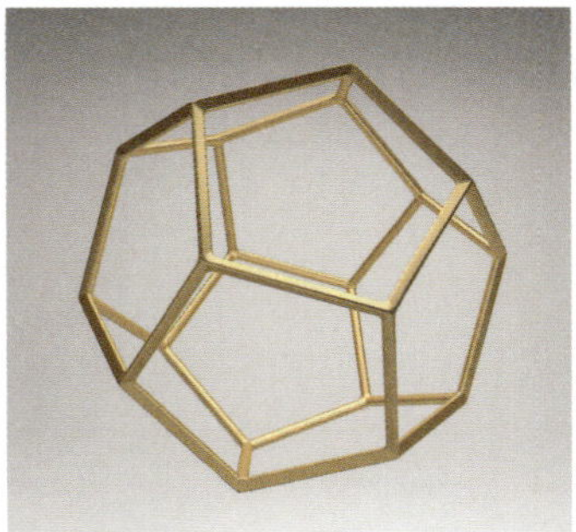

十二面体由12个正五边形面构成，相邻的3个面相交于一个顶点。十二面体有12个面、20个顶点、30条棱和160条对角线。

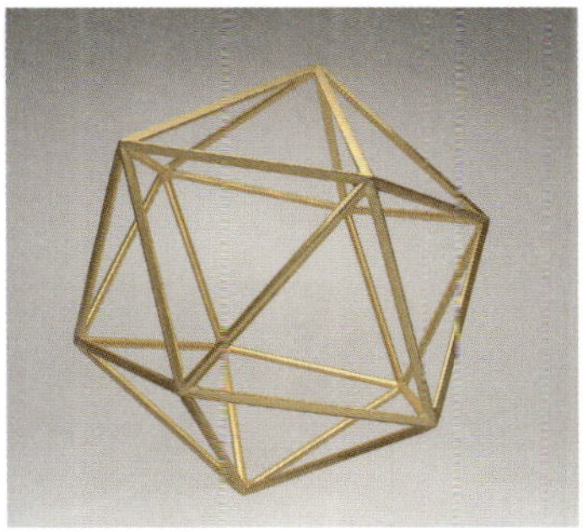

二十面体是由12个顶点、30条棱和20个等边三角形面构成的正多面体。

瓦片似的六棱柱组成了蜂巢。

三维的乐趣

程序员知道如何将二维图形或多边形组合起来，创造出有趣的三维模型。其实，每一种模型都能用不同形状的图形拼接构建出来。

为了更清楚地说明，他用多边形网格构建出了一只海豚。将三角形组合成网格，一只三维的海豚就出现啦！

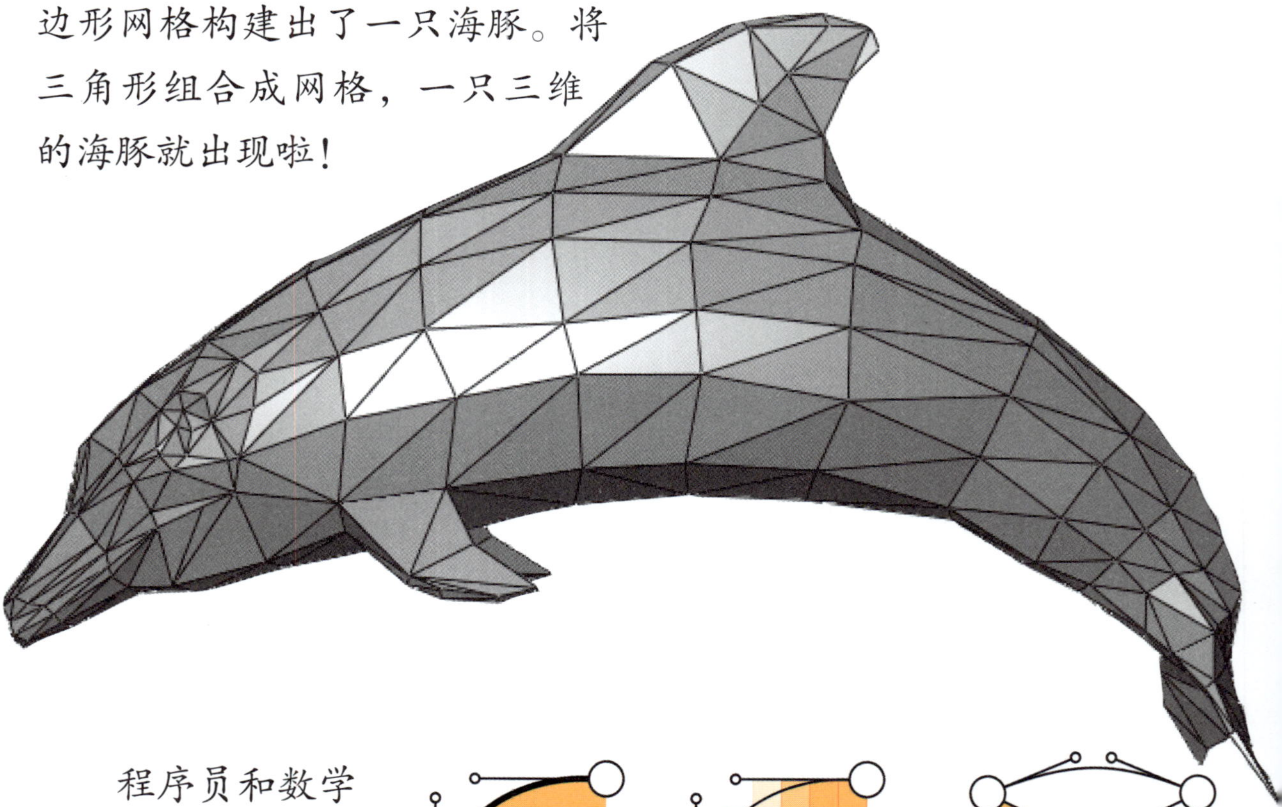

程序员和数学家打算一起用计算机来建造三维模型，先从二维图形开始做起吧！

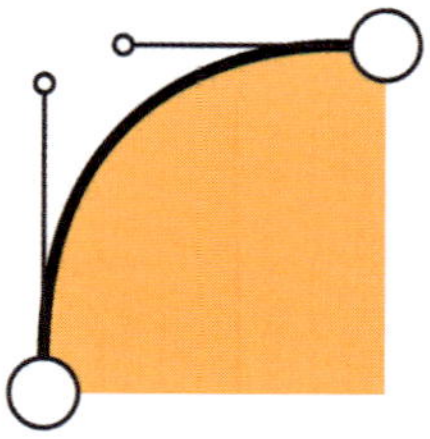

选一个二维图形……

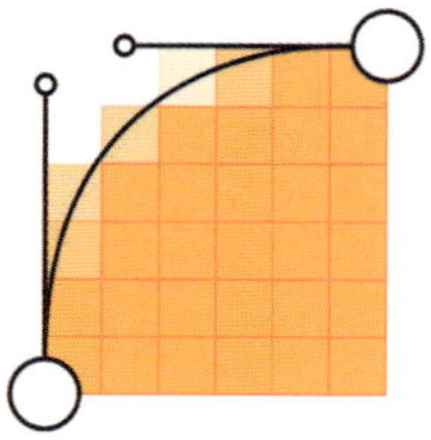

将它拆分成多边形……

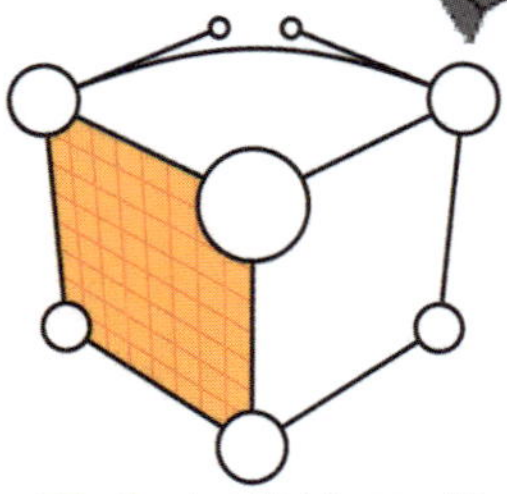

用它来建造三维图形。

将长、高、宽等信息输入到专门的三维模型制作软件中，利用二维多边形的网格，就能形成一个稳定的三维模型。

程序员在电脑屏幕上画出一只蝴蝶的形状，然后利用坐标方格或网格，将它拆解成许多个多边形。

再在屏幕上将这些多边形集合转制成三维图形。

二维转制成三维。

设计师能利用多边形网格制作一个模型，借用这个模型，立体打印机就能打印出一个真实的立体物。

线条

艺术家着手组装机器了。要把这些零部件全组装起来，首先得建造一个稳固的框架。

水平线是横向的，垂直线是纵向的，平行线是指彼此保持固定不变距离的直线。

大家纷纷来帮忙搭建底座。数学家一边拿着水准仪测量，一边说道：“底座必须是条直线，一定要是水平的。

“上面的横管必须与底座平行。”

“竖直的管道必须与底座垂直，两者之间的夹角要是90°。”她连忙测量角度。

机器的框架终于搭好了，横管和竖管交错。工程师也赶来检查，她知道必须有一个结实的结构的重要性。

蒙德里安在画作中使用了几何图形。

线条对艺术家而言非常重要。蒙德里安相信数学与艺术是紧密相连的，他的绘画运用的是最简单的几何图形和原色。很多艺术家都在画作里使用了线条。

蒙德里安在这幅画中运用了简单的线条。

这幅年代久远的素描作品，用线条精准地呈现出建筑的构造。

水平线与垂直线交织出一座建筑的模糊轮廓。

这幅浮世绘作品中的垂直线条很引人注目。

一条水平横杆从这幅画的三分之一处穿过。

设计地图

坐标

坐标是方格网络上的点，这种方格由许多水平线与垂直线相交而成。坐标点可以组合构成一个平面或二维图形，甚至可以组成三维图形。

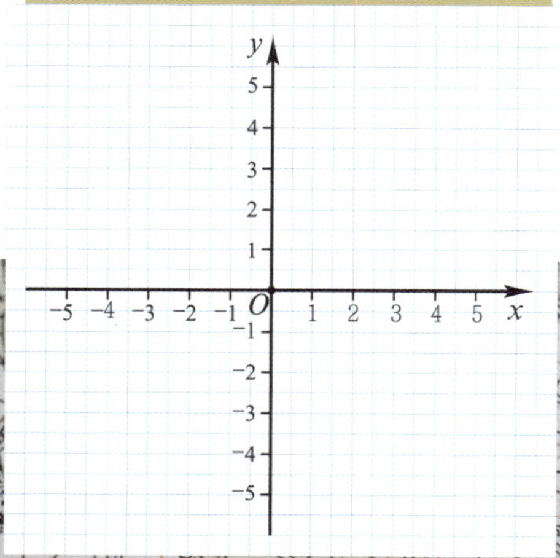

科研五人团打算去山里远足，科学家把地图发给大家。他们要在等高线地图上标记出路线中的所有重要景点。

地理坐标系统（GCS）利用一个三维球体的表面来表现地球上的真实地点。纵贯整个球体表面的垂直线代表经线，横穿整个球体表面的水平线则代表纬线。

GCS卫星会采集坐标信息来绘制地表的三维地图。

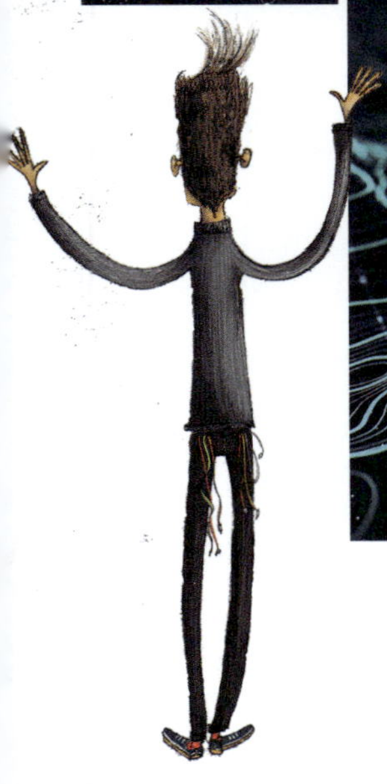

坐标还可以表示高度。地图设计者运用坐标在等高线地图上标记出山脉与峡谷。

比例

艺术家向大家介绍了一种名叫“黄金螺旋”的设计样式，几百年来，无数艺术家、建筑师和雕塑家都在不断使用它。

黄金螺旋又叫黄金比率，它的绘制基于一个著名的数字序列，序列里的所有数字都互成比例。这组数字是通过加法计算出来的。

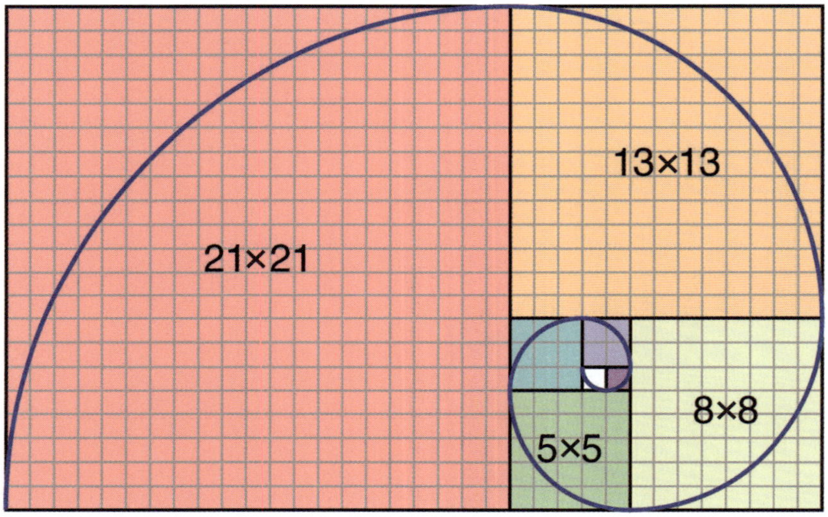

从0和1开始，每个新的数字都是前两个数字之和：0、1、1、2、3、5、8、13、21、34、55……

成比例的事物有共同的值，即两个数相等。比如，6与2×3是成比例的。比率不一样，它用来比较某些事物的两个数量。

最小的是紫色块，占1个方格。
次小的是淡紫色块，占2×2个方格。
再大一档的占3×3个方格。
再大一档的占5×5个方格，以此类推。
沿着螺旋形曲线转一圈，你会发现色块占据的格数是按一定规律增加的，新数字是前两个数字之和。

工程师知道，建筑师在设计中会运用黄金螺旋形状……

位于意大利罗马的梵蒂冈博物馆。可以看出，设计它的建筑师一定很喜爱黄金螺旋。

蜗牛壳的旋转样式明显是黄金螺旋。

多叶芦荟的树叶呈同样的螺旋状。

科学家也清楚，这种比例在大自然中很常见。

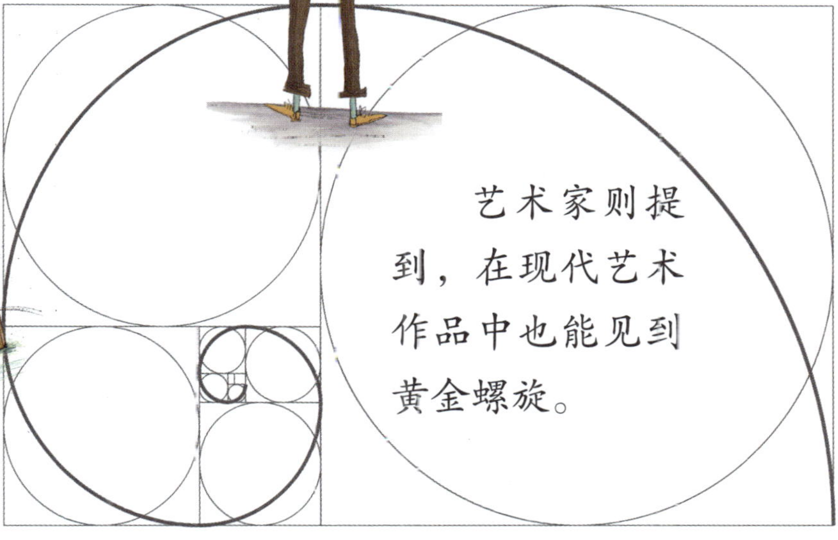

艺术家则提到，在现代艺术作品中也能见到黄金螺旋。

用大小来吸引眼球

选书的时候，你一定会先看书名。一般来说，书名会以大粗体文字印在封面比较显眼的地方。

读报或看杂志的时候，你首先会看大标题，其次被标题下面的大幅图片吸引，再次是小字正文和较小的图片，以此类推。按重要性来排序，是指在一件设计作品中，依据视觉效果从最重要的元素开始排版。

想在一页报纸里装下那么多文字信息，排版上要多费些工夫。不太重要的文章会被放到边缘或底部，标题字号也会设计得小一些，你最后才会注意到它们。

还可以用位置和对比

把两个完全不同的物体放在相近的位置，也能引人注意。强烈的反差会让人对两个物体都留意。艺术家说：“以一定的手法展现对比的设计作品，是非常有意思的。”

点点灯火与黑暗背景构成了鲜明的对比。

清晰的近景图案与模糊的背景形成对比。

浓烈的色彩场景与单一的背景形成对比。

在《夕阳下的播和考》这幅画中，画家梵高特意突出了太阳，它的黄色要比庄稼的更玥亮一些，同时与前景里冷蓝色调的农民和土地形成对比。而且，太阳是画中唯一柔和的物体，在其他物体粗犷质感的映衬下，它格外吸引你的注意。

聚焦目光

艺术家指出，每件设计作品都要有一个焦点，它能向观众传递重要的信息。想抓住观众的眼球，就得靠这个焦点。它可能是整幅画中最有力量的部分，好像会朝你扑过来；也可能是画中色彩最鲜亮、尺寸最大的物体；又或者是一条小路的终点，会把你的目光吸引过去。

突出主体是设计师吸引观众关注作品最重要部分的一种创作技巧。这个部分承载了创作者主要想传达的信息，甚至是创作这件作品的理由。

设计最重要的一点，就是用通俗易懂的方式向大家传递信息。

一尊巨大的佛像，将人的注意力迅速吸引到上方。

在这幅画中，观众的视线是顺着阶梯往下走的。

亚历山大·考尔德创作的这组雕塑作品，让观众的视线随着弧线的变化上升或下降。

在这幅图中，视线朝一个方向运动。

看动画片时，你的视线没有变化，动的是图片。图片以每秒24张的速度快速翻动，使图片上的事物看起来就像是在顺滑又流畅地运动。

色彩与心情

色彩的力量很强大！注视某些颜色能让你变得开心、难过、平静或者激动。换句话说，色彩能影响你的心情。

大多数艺术家认为红、橙、黄是暖色，或许因为它们正好是太阳和火焰的色彩——这俩都很热！艺术家还会运用淡蓝色、绿色和紫色来创造冷色环境。

艺术家对每一种色彩都很喜欢，他享受把全部色彩泼洒在画布上的那种感觉！

色彩

红、黄、蓝三原色不能通过其他色彩混合调和产生；但是，绿、橙、紫这些间色可以通过混合调和出来，通常是由两种原色混合而成。

当然啦，将这些间色再混合，就能产生更多的色彩。

举个例子，蓝色与黄色混合能产生绿色，但世界上不止有一种绿色。通过改变蓝色与黄色的混合比例，我们可以调和出许多种绿色。

在这幅名叫《暴风雪——汽船驶离港口》的画作中，英国画家约瑟夫·特纳用旋动的蓝色和灰色表现出了一场乌云密布的风暴。

对画家保罗·克利来说，色彩就是一切。在《有黄鸟的风景》中，保罗用阴影和暗色创造出一个梦幻场景，嬉戏的黄色小鸟让整个画面活了起来。

在这幅《南方花园》里，保罗·克利用颜色填满了整个画面。你仿佛可以看到色彩明亮的花朵在每一个角落绽放。

补色是在色相环中成180°角的两种颜色。它们对比强烈，而且不能调和，比如红与绿、蓝与橙都是补色。右边的色相环分别展示出了原色、间色和补色。

伟大的设计师

几百年来，伟大的设计师（通常也是伟大的发明家）提出的理念，仍影响着今天我们看待事物的方式。艺术家列出了他最喜爱的设计师，其他人也纷纷在名单里添上自己中意的名字。

列奥纳多·达·芬奇

（1452—1519）

意大利文艺复兴时期的画家与发明家。

达·芬奇出生于意大利佛罗伦萨附近的安奇亚诺，他以画家的身份为世人熟知，但其实他兴趣非常广泛，还是位非常有天赋的工程师。他曾经设计出一架直升机、一辆坦克和一张巨型十字弓。

克里斯托弗·雷恩

（1632—1723）

英国数学家和建筑师。1666年伦敦城发生大火灾，克里斯托弗负责灾后重建52座教堂，其中就包括举世闻名的圣保罗大教堂。

石器时代壁画

人类最早的艺术出现在石器时代。早期人类利用黏土、氧化铁和木炭制成的颜料在洞穴壁上作画。

古斯塔夫·埃菲尔

（1832—1923）

法国土木工程师，埃菲尔铁塔的建筑师。

埃菲尔在全球建造了数百座各式各样的金属结构建筑。他完成了巴黎铁塔的早期设计，在此基础上设计建造出了埃菲尔铁塔。

西班牙建筑师安东尼奥·高迪在开始建造之前，一般不会做详细的图纸规划。他会搭建三维比例模型，在建造过程中不断修正模型的细节。

贝齐·罗斯设计出了美利坚合众国的第一面国旗。图中是她在向乔治·华盛顿将军展示她设计的国旗。

罗伯特·G. 赫夫特 17岁时设计出了50颗星版本的美国国旗，当时他是在完成老师布置的课堂作业。

弗朗西斯·克里克和詹姆斯·沃森共同发现了DNA分子结构——构成人体的最基础分子。他们通过分析化学家罗莎琳德·富兰克林拍摄的X光片，发现DNA是由双螺旋（长得有点像螺旋形开瓶器）缠绕构成的。

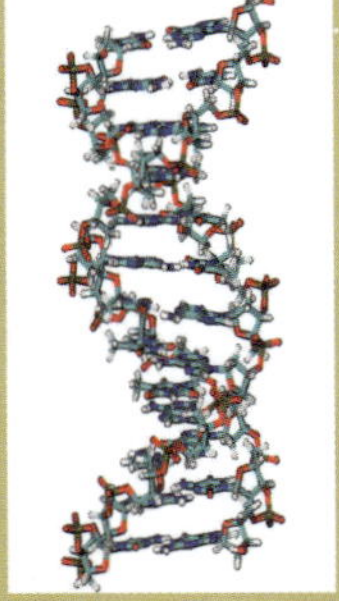

吉尔斯·吉尔伯特·斯科特爵士设计了红色电话亭、红色邮箱和红色伦敦巴士，它们已经成为英国的著名象征。

蒂姆·伯纳斯·李爵士是万维网的设计者和创始人，他建立了一个巨大的计算机网络系统，用信息把全球人类联合起来。

兰斯洛特·布朗，人称“万能的布朗”，是一位英国园林设计师。他设计的园林完全运用自然景观，包括青草地、蜿蜒的湖泊（湖泊之间由桥梁连接）、乡间小径、曲折的马车道、团簇的绿树和绿化带。

时尚设计师克里斯蒂安·迪奥在1947年推出了他的首个时装系列，秀场上的6位模特展示了90套不同的服饰。他的时装商店至今仍然闻名全球。

扎哈·哈迪德是一位出生于伊拉克的建筑师。上图中让人惊叹的中国建筑群，正是出自她的设计。

想法碰撞

科学家希望艺术家的设计机器能体现出均衡的美感。比如，许多植物的形状都呈现出均衡的图案，为设计提供参照和灵感。

程序员希望这部机器能利用计算机模型，让艺术家的设计变成现实。要做到这一点，五颜六色的图表、二维和三维的图像与模型都必不可少。

艺术家把朋友们的意见都放在了心上。他清楚，这部新机器将要应对非常复杂的挑战。

数学家希望这部机器能在数学领域探索利用图形、空间与大小的方法。数学中的很多数据都可以通过大胆又引人注目的符号来表示。

工程师希望这部机器可以帮助建筑师设计出让人激动的建筑结构。这些建筑结构既能引人注目，也具有和谐之美，还能追求形态与色彩的平衡。

艺术家会好好运用朋友们的想法，制造出这部设计机器。

科研五人团灵感拼接

在制造设计机器的准备阶段，艺术家探索了各种各样的设计。其中许多设计被他放进了最终的机器中，有的功能非常复杂，有的则非常基础。

无论怎样，它们都将为艺术家未来的设计机器增添新奇与趣味。

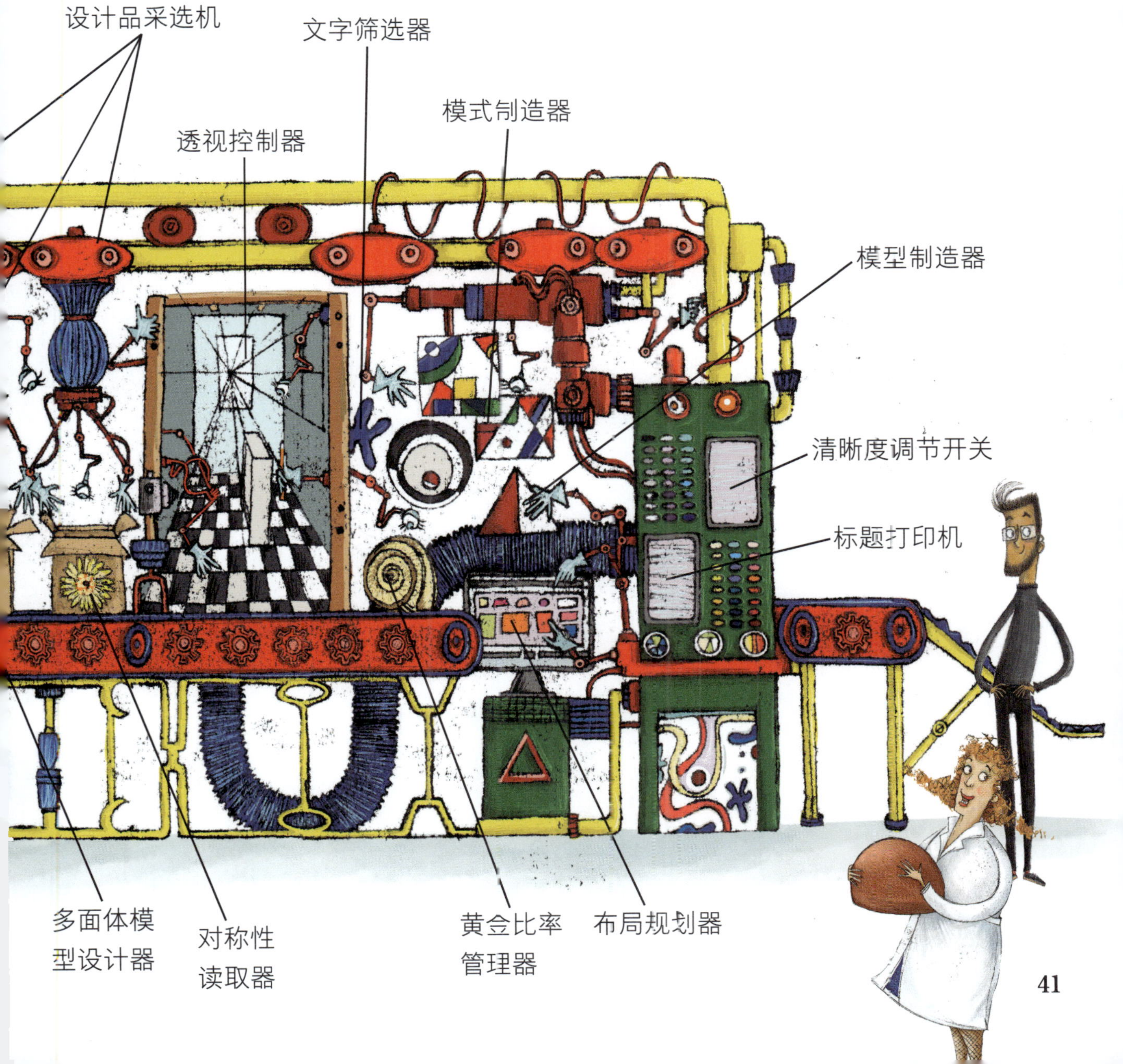
设计品采选机
文字筛选器
模式制造器
透视控制器
模型制造器
清晰度调节开关
标题打印机
多面体模
型设计器
对称性
读取器
黄金比率
管理器
布局规划器

知识点回顾

色彩

补色

色相环中成180°角的两种颜色，比如红色和绿色、黄色和紫色等都是补色。

对比

完全不同的色彩、风格或形状，能为设计作品增添强烈的视觉效果。

间色

通过调和两种原色得到的色彩。

冷色

以蓝色为主导的一些色彩，能使人心理上产生凉爽的感觉。

暖色

以红色、黄色为代表的颜色，能使人心理上产生温暖的感觉。

调和

将两种色彩混合，形成新的色彩。

原色

一般指红、黄、蓝三种颜色。原色是基础色，不能通过其他颜色的调制混合而得出。

设计

地理坐标系统（GCS）

利用一个三维球体的表面来表现地球上的真实地点。纵贯整个球体的垂直线代表经线，横穿整个球体的水平线则代表纬线。

雕塑

一种二维或三维的艺术形式。雕塑的原材料可以是石头、金属或木头等。

焦点

一幅设计作品中注意力或者活跃的中心点。

均衡

设计作品的各种元素等量分布，或者以正确的比例分布。

灭点

所有的线条在远处汇集成一个点，这个点就是灭点。这个设计方法能创造出人对距离和动势的感受。

模式

一种不断重复的装饰设计。

模型

人或物体的三维表现形式。

突出主体

一种设计方法，能将观众的目光吸引到作品最重要的部分上。

网格

一种交织或编网构造，用来在计算中表示几何物体。

质感

物体表面的样子或给人的感受。

坐标
用来确定平面或空间中某个点的一个数对。

顺序

流程图
规定一套解决问题的顺序步骤，并把这些步骤制成图表。
平行
不同的线或面之间一直保持相同的距离。
顺序
事物前后相接的特定规则。

图形

多面体
由四个及以上的多边形组成的立体图形，其命名一般由多边形的个数决定。如六面体、八面体。
二维（2D）
长、宽两个维度，没有高度。
放射状线
呈放射状的物体，会有放射状线从一个圆圈的中心点散射出来。
几何学
数学的一个分支，专门研究点、线、面、立体图形和维度。
立体物
拥有长、宽、高三个维度的物体。
轮廓
表示事物形状或外表的线条。
螺旋形
围绕一个中心点发散的曲线，不断慢慢向外扩大。
密铺
图形与图形之间以重复的模式匹配在一起，既不重叠，也没有间隙。
三维（3D）
长、宽、高三个维度。
形状
某物或几何图形（如正方形或三角形）的外部形式、轮廓。
中心
图形中的一个点，其他每个点到这个点的距离都相等。

大小

比例
两个事物之间在数量或大小方面的关系。

黄金螺旋

从 0 和 1 开始，每个新的数字都是前两个数字之和：0、1、1、2、3、5、8、13、21、34、55……序列中的所有数字都互成比例。黄金螺旋在建筑、设计、摄影等方面有诸多应用。

近景

一种通过淡化背景从而突出主体的艺术表现手法。在近景画面中，背景环境会被虚化、淡化，其中的各种元素都只剩下模糊的轮廓，从而更有利于突出主体，让观众更容易识别主体。

透视法

在一个二维画面中表现出三维物体的方法。透视法能把物体正确的长、宽、高比例，以及物体之间的位置距离展现在观众眼前。

对称

不对称

不对称的物体，它的每个组成部分都是不一样的，也就是说它不具备对称性。

对称

对称的物体由几个非常相似的部分构成，这些部分围绕一根穿过物体中心点的轴线分布。

辐射状对称

动植物体形呈辐射状的一种对称方式，一般以环形或轮状结构实现对称。

两侧对称

两侧对称的物体能被分割成完全对称的两半。

像科学家一样会思考

像数学家一样会推理

[英] 萨伦娜·泰勒 著
[英] 莱斯莉·丹森 绘
陈宛 译

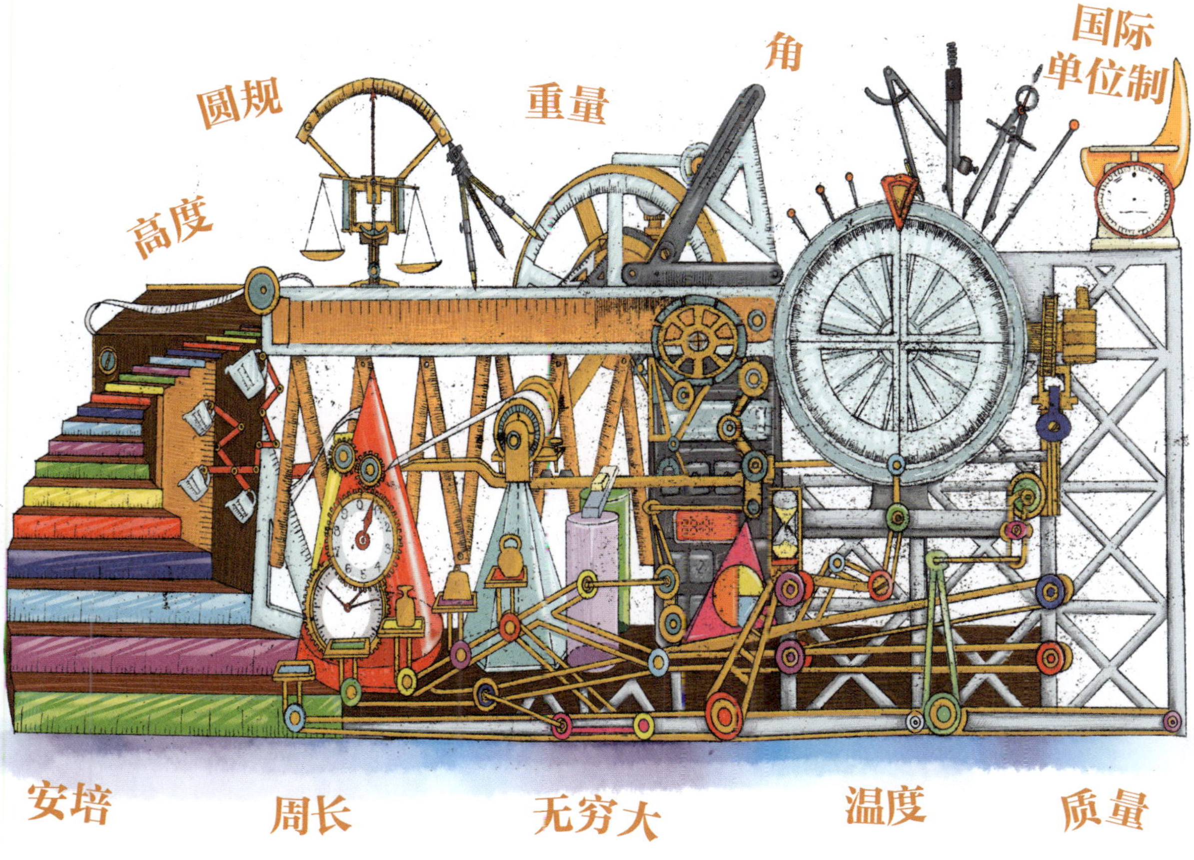

浙江科学技术出版社

著作合同登记号 图字：11-2023-132号

图书在版编目（CIP）数据

像科学家一样会思考. 像数学家一样会推理 / (英) 萨伦娜・泰勒著 ; (英) 莱斯莉・丹森绘 ; 陈宛译. -- 杭州 : 浙江科学技术出版社, 2023.8
ISBN 978-7-5739-0673-1

Ⅰ. ①像… Ⅱ. ①萨… ②莱… ③陈… Ⅲ. ①科学知识－儿童读物②数学－儿童读物 Ⅳ. ①Z228.1②O1-49

中国国家版本馆CIP数据核字(2023)第099091号

目录

n－9＝13

数学家想要……

数学家想要制造一台多功能计量仪。顾名思义，这台设备最强大的功能就是可以自动测量任何物体的各种属性，不管是长度、面积、体积，还是质量或者重量。只要你想测量，通通都可以实现。

自然，这台大机器在测量过程中少不了要进行计算，而且这些计算还要准确无误。针对计算中使用的各种公式，数学家正在反复推理。

比如，今天，她正在推理正方形和三角形的面积公式。数学家已经知道长方形的面积公式，即长方形的面积=长×宽，那正方形和三角形的面积要怎么算呢？她想了想，决定从这三种图形之间的关系入手——正方形是一种特殊的长方形；三角形可视作长方形的一半。

这样，推理的结果就很清楚了：正方形的面积=边长×边长；三角形的面积=底×高×$\frac{1}{2}$。

数学中的推理其实很简单，你只需要弄清楚三个条件，就可以掌握数学家这种思考技巧：

首先，写下令你困惑的问题是什么，比如前面讲到的“正方形和三角形的面积要怎么算”。

其次，已知条件是什么，比如前面讲到的“长方形的面积=长×宽；正方形是一种特殊的长方形；三角形可视作长方形的一半”。

最后，由这些条件可以得出什么结论，比如前面讲到的“正方形的面积=边长×边长；三角形的面积=底×高×$\frac{1}{2}$”。

面积公式的秘密就这样被解开了，数学家高兴极了。她要把更多计算公式运用到自己的多功能计量仪中，这样这台机器就能更好地测量和计算了！

数学家面对的挑战

科研五人团的其他成员被召唤到了数学家的总部——数学解题工作室。大家到了以后发现，数学家正欣喜若狂。

“这将是一台全新的设备，”数学家解释道，“一台能够测量一切事物的机器，它可以进行完美精确、准确无误的计算！

“把东西放在设备上，它就可以计量出长度、面积和体积，还有质量和重量，甚至时间和温度！真是一台出色的数学计量仪啊！”

工程师说：“棒极了！我等不及想帮忙了。我最拿手的就是计量！制造复杂机器就需要大量计量。”

“我们也一样！”科学家和程序员一起说道。科学家说：“我们科学家做的实验需要完全精准的计量。”

程序员接着说道：“程序员在寻找解决方法时，也必须进行准确的计量。”

艺术家点头表示赞同。他在作画前也需要知道怎样计量被画的物体。

计量

计量是指找到能显示某物大小或数量值的行为。我们提到计量的时候，一般指的是计量物体的长度、高度或重量，也就是它有多长、多高或多重。

但事情远不止如此。还有很多其他类型的计量，它们都有自己的特殊系统。这些系统被称为计量单位，可以保证测量准确。

可以计量的东西

你可以计量长度——从某物的一端到另一端的距离。这可以帮助你计算高度——从上到下的距离；或宽度——从这边到另一边的长度；或深度——从物体的前面到背面，或从物体的表面到最低点。

你可以计量物体表面的大小，也就是它的面积。你可以计量物体所占据的空间大小，也就是它的体积。你还可以计量物体能够容纳多少东西，也就是它的容积。

计量长度、面积、体积和容积的工具

生长在美国加利福尼亚州的巨型红杉树，它们的高度大约是小型盆栽的400倍。

不同大小的金属砝码

用秤称水果的重量。

如果你想知道物体多轻多重，就要使用特殊的工具来称它的质量或重量。

各种计量时间的工具

你还能计量时间，比如某件事发生所需的时间。只需要一个钟或一块表就能实现简单的时间计量。

如果你想知道某物多热多冷，可以用温度计测量它的温度。

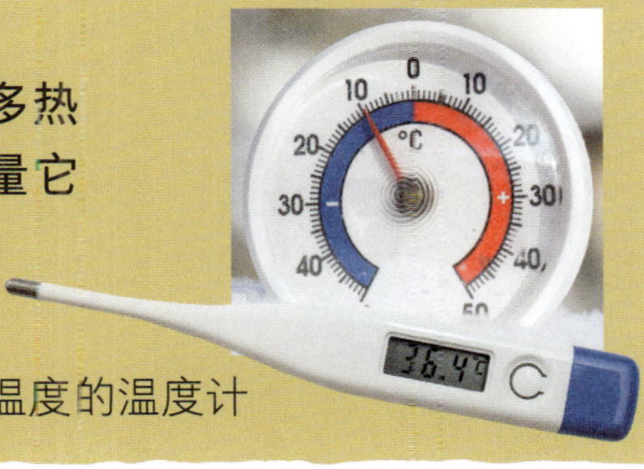

用来测量温度的温度计

数学家迫不及待想把这些计量工具放进自己的设备里！

还有无法计量的东西

你可以用数字来计量超级大的物体，因为数字是没有尽头的。说一个你知道的最大的数字吧，不管它有多大，你总能再想到一个更大的。数字没有尽头，这就是无穷大，无穷大是计量不了的。

无穷大的符号是

∞

这个符号没有头也没有尾，将永远循环下去。

我们有时候会用这些表情符号来表示快乐与悲伤的程度，但情绪是不能用数字计量的。

诸如爱、幸福、恐惧或愤怒等情绪，善良、诚实等品德，还有疼痛、快乐等感受，都是计量不了的。没有数字可以计算它们的数量大小。

面部表情可以反映出我们的情绪。

要想精确计量物体，就必须用特殊工具获得精准的计量数据。

但精确的计量工具不是人人都有的。有时只能运用猜测和数学方法，进行粗略的计算。

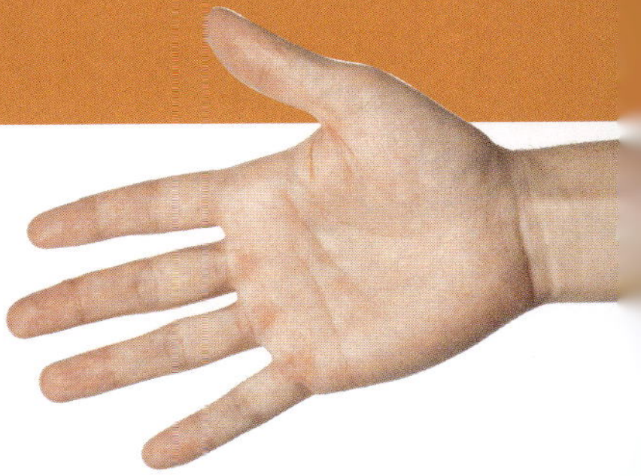

许多罗马计量单位是根据手的不同部位的长度来确定的。

精确计量是指精准和正确的计量。使用恰当的计量工具或设备，可以让计量更加精确。

古代计量单位

3000年前的古埃及人以及后来的古罗马人，根据身体不同部位的标准长度，制定出了一套计量系统。

一肘：从指尖到手肘的长度。

一足：脚的长度。

一掌：手掌的宽度。

一指：手指的宽度。

还有的单位是根据步幅来计量的。

一步：步幅中两脚之间的长度。

一场：一个体育场或一圈跑道的长度。

一千步：1000个一步的长度。

当然啦，这些单位的大小其实取决于使用者相关身体部位的大小，所以并不精准。最终，这些单位被更精准的计量单位取代了。

估算对多功能计量仪来说没什么帮助。数学家需要精确计量，制造出一台完全精准的计量设备。

计量单位

想做好计量，就必须使用正确的计量单位。数学家想让她的多功能计量仪遵循国际单位制，国际单位制的英文简称是SI。

SI由七个基本单位构成：

单位名称	计量领域	符号
千克	质量	kg
米	长度	m
秒	时间	s
开尔文	热力学温度	K
安培	电流	A
坎德拉	发光强度	cd
摩尔	物质的量	mol

七个基本单位里有两个单位的符号使用了大写字母，因为它们是直接以科学家的名字命名的。

安德烈·马利·安培，法国人，生于1775年，专注研究电学的物理学家和数学家。

开尔文勋爵，生于1824年，英国物理学家，创造了开氏温标。

数学家介绍说："千克、米和秒是我们生活中经常用到的计量单位。

"其他几个单位稍微复杂一些。我先从简单的开始吧……"

丈量自身

“练习计量，从自身开始是最方便的。”数学家说，“你可以测自己的身高，量鞋子的尺寸，还可以量头发的长度。不过呀，随着你慢慢长大，这些计量结果也会跟随时间变化——时间也是可以计量的哦。”

身高的计量单位是米（m）和厘米（cm）。其实，测身高就是测长度——从你的头顶到你的脚底的长度。

鞋子的尺码由脚的长度决定，单位是厘米。不同国家采用不同的鞋码，假设你的脚长是22厘米，英国鞋码就是2～2.5码，美国鞋码是4.5～5码，中国鞋码则是35码。

小男孩站直了测量身高。

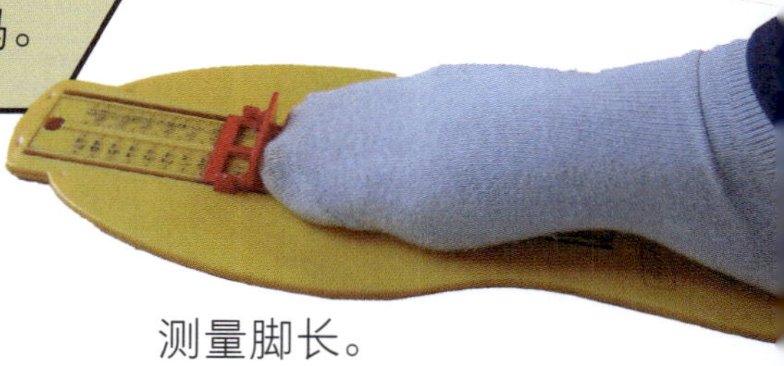

测量脚长。

年龄

年龄的计量单位是年。一年可以再划分成月、周和日。

展示月份和日期的日历

一日又可以划分成时、分和秒。你出生那天，年龄就是0周岁；一年以后的同一天，你就1周岁了。

男孩在庆祝他的生日。

太阳

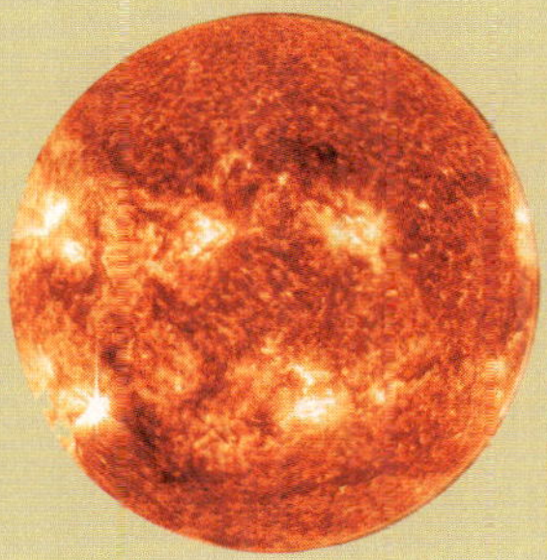

地球围绕太阳公转一周的时间就是一年——大约是365天5时48分46秒。

“1周岁”不是一个精准的数字，所以我们常用秒（s）来精确计算时间。

你可以把计量结果画在图表上，这样方便随时比较结果的变化。

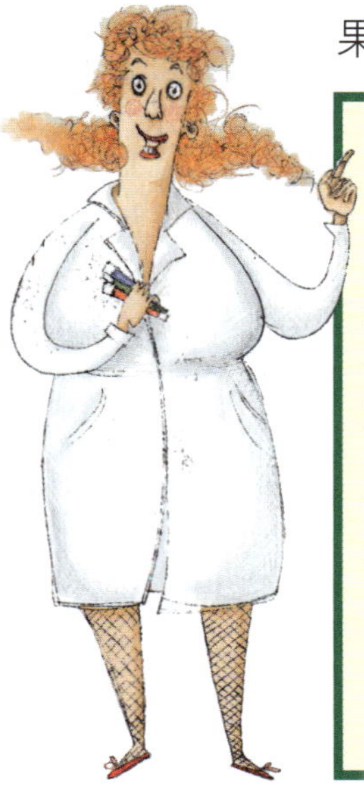

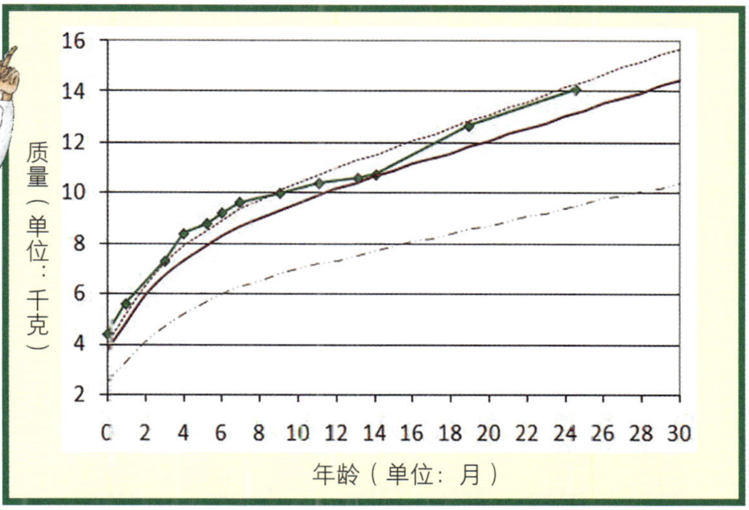

这张图展示的是4名婴儿在30个月中的体重长了多少。

重量还是质量

艺术家正打算画一幅程序员的肖像画。开始之前，为了更了解“模特”，他要问程序员几个问题。

艺术家问道：“你有多高？”
程序员回答：“193厘米。”

艺术家接着问：“你有多重？”
程序员说：“大概70千克。”

数学家听到后大声说道：“不对，不对，不对！你不能问‘有多重’，而是问‘质量是多少’！”

引力是物体之间相互吸引的力。地心引力将物体拉向地面，让物体有了重量。

她提醒所有人，“质量”是描述物体内部包含多少东西或物质的一个计量概念。她说，只有受到地心引力作用的时候，“质量”才会有“重量”。

工程师说："没错！你的质量不会改变——除非少吃多动！但你的重量会随着引力的变化而变化。

"比如在太空中，由于没有或几乎没有重力，你就会飘浮起来。宇航员管这种感觉叫'失重感'。但你的质量没有变化，跟在地球上是一样的！"

"还有一点更重要，"科学家说，"重力是一种力，它的单位不是千克（kg），计量重量的正确单位应该是'牛顿'，单位符号是N。"

他接着解释道："在地球上的大部分地区，地心引力能让一个质量为1千克的物体产生大约9.8牛顿的力。

"如果你的质量是70千克，那计算你的重量，就要用70乘以9.8。

"计算出来，你的重量是686牛顿。"

科学家向大家介绍了历史上一位非常重要的科学家，他于1643年出生在英格兰。

艾萨克·牛顿是一位杰出的数学家、物理学家和天文学家。他拥有很多有价值的科学发现。

"计量单位牛顿就是以他的名字命名的。"

丈量太空

银河系

科学家说：“记住！虽然我们的宇宙又叫‘太空’，但其实里面装满了东西，这些东西叫作‘物质’。物质是由原子和分子这样的细小粒子构成的。”

“化学家和我这样的物理学家，需要计量物体中的物质含量时，我们使用一种叫‘摩尔’的计量单位。摩尔能方便科学家对巨大数量的粒子进行计算。”

两种类型的分子

科学家计量宇宙中极远的距离时，会使用一种叫“光年”的单位。1光年就是光在真空中穿行一年时间走过的距离，大约是94 605亿千米。

有了这些计量单位，以及大型太空望远镜和大量精确的数学计算，科学家们能观测到一个直径为930亿光年的宇宙。这真是巧妙计量出来的天文数字啊！

光以每秒299 792千米的速度传播。根据科学家的测算，我们所处的银河系的直径约在100 000光年到180 000光年之间。

倍数和分数单位

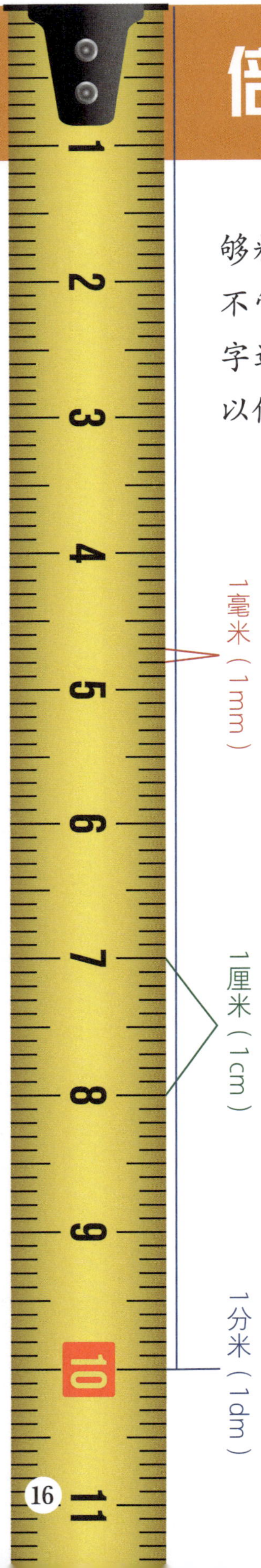

数学家想让计量仪能够精准计量。她想起来，不管计量结果是很大的数字还是很小的数字，都可以使用同一套计量单位。

只需要在计量单位前面加几个特殊的字母，也就是“前缀”，就能改变单位的大小。

“其实很简单，”数学家解释道，“如果在原来的单位‘米’前面加‘厘’，就是把它分成100等份；如果在原来的单位‘米’前面加‘千’，就是将它乘1000。”

分数单位

名称	数值变化	单位符号前缀
分	÷10	d
厘	÷100	c
毫	÷1000	m
微	÷1 000 000	μ

1毫升（mL）的水大概有20滴。

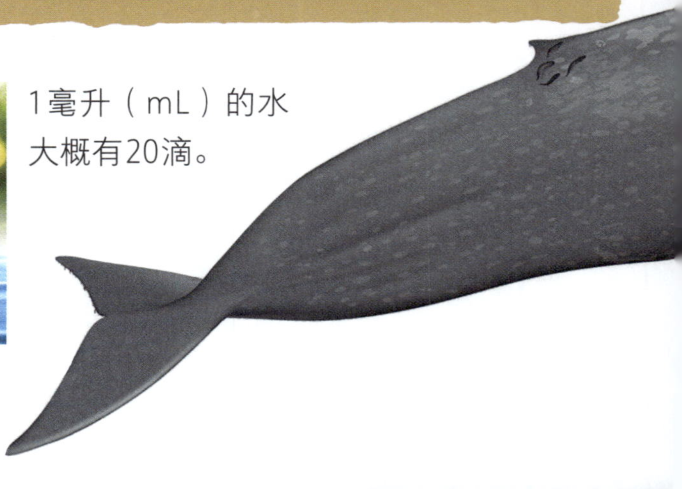

倍数单位

名称	数值变化	单位符号前缀
十	×10	da
百	×100	h
千	×1000	k
兆	×1 000 000	M

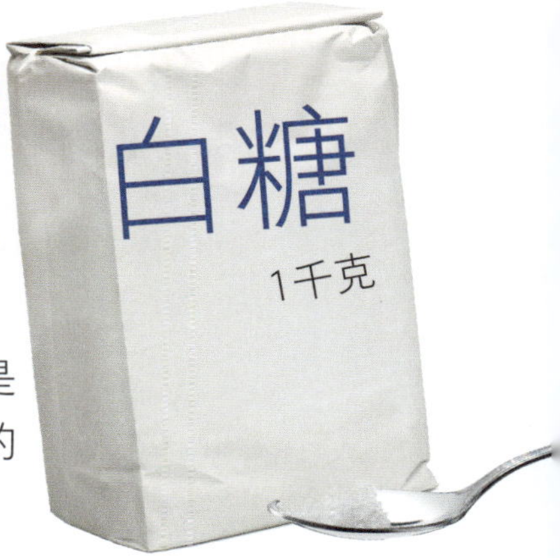

四分之一茶匙的白糖大约是1克（g）。一包标准包装的白糖大概是1千克（kg）。

一头非洲象的质量最大能达到4兆克（Mg）。

一辆小轿车的质量大约是1兆克（Mg）。

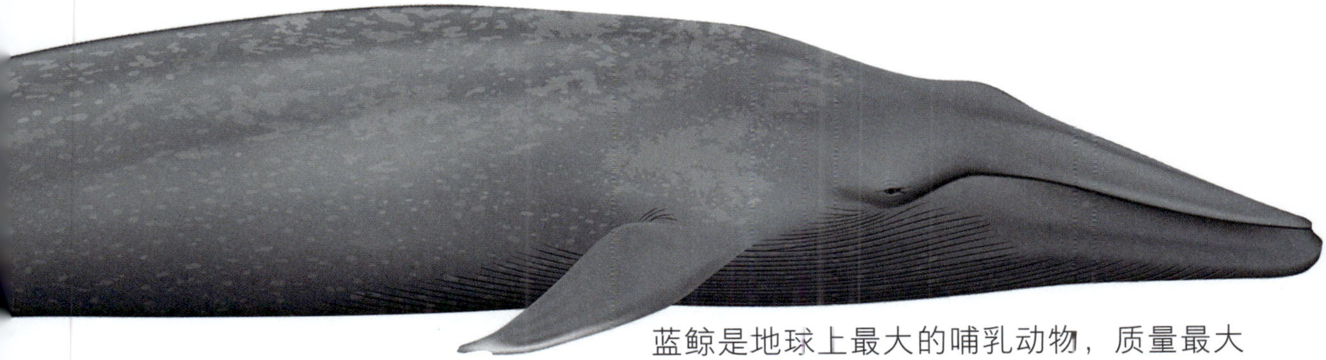

蓝鲸是地球上最大的哺乳动物，质量最大能达到170兆克（Mg）。

建造楼宇

工程师正在造一栋建筑，这是一幢未来风格的摩天大楼。它有100层高，楼里设计了公寓、办公室和商铺，以及电影院、医院和学校，楼顶甚至还设计了一个运动场和一个游泳池。

她说：“程序员帮了大忙！我正在用计算机辅助设计（CAD）软件制作楼层平面图。

“我们把每个房间里里外外的测量数据输入软件，就能生成一幅示意图，展示所有的空间安排。”

位于西班牙瓦伦西亚的“智慧之眼”

位于德国慕尼黑的“宝马总部”

位于加拿大多伦多的“梦露双塔”

位于西班牙塞维利亚的“大都会阳伞”

位于北京的中国国家体育馆

位于美国洛杉矶的华特·迪士尼音乐厅，由著名建筑师弗兰克·盖里设计

工程师解释道：“上面这些建筑的设计者都综合运用了曲线、角和直线。我们一起来看看他们是怎么做到的吧！”

绘制曲线

数学中研究图形和角的分支学科叫几何学。圆形是一个平面几何图形，也就是说它是平面的、二维的（2D）。圆看起来结构很简单，但其实相当复杂。

圆

圆的三个主要部分都有自己的名称：

圆的周长是绕圆一圈的长度或距离，也就是从圆上的任何一个点出发，再回到这个点。

圆的直径是指穿过圆心连接圆周上的两个点的距离。一条直径能将圆切成两半。

圆的半径是指圆心到圆的边上的距离。

这三个部分都可以通过一个特殊数字 π 来计算。这个数字叫作圆周率。

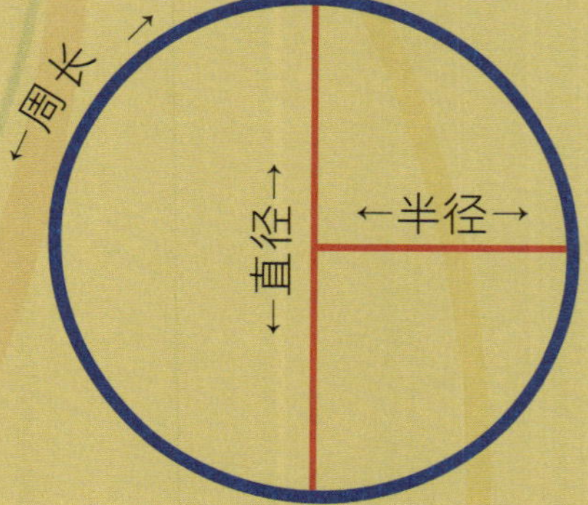

圆的各个部分

π的数值大约是3.14，是用周长除以直径得到的数字。它能帮忙计算出圆的面积。

画圆的时候，其实就是把到一个中心点距离相等的许多个点连接起来。你可以试着自己动手画，但很难画得精确。

小女孩用粉笔绕着自己画了一个圆。

“你可以试试用圆形的物体，比如碟子或唱片，描出一个圆。”艺术家建议道，“不过这样也不会很精确，最好的办法是用圆规来画，它能确保画出来的圆在数学上是精确的。”

圆规是一种由两条规腿构成的工具。把一条规腿固定在圆心的位置，用另一条规腿下端的铅笔芯就能画出圆的周长。两条规腿通过一个转轴连接，通过它能调节两条规腿之间的距离，进而调整圆的半径，从而改变圆的大小。

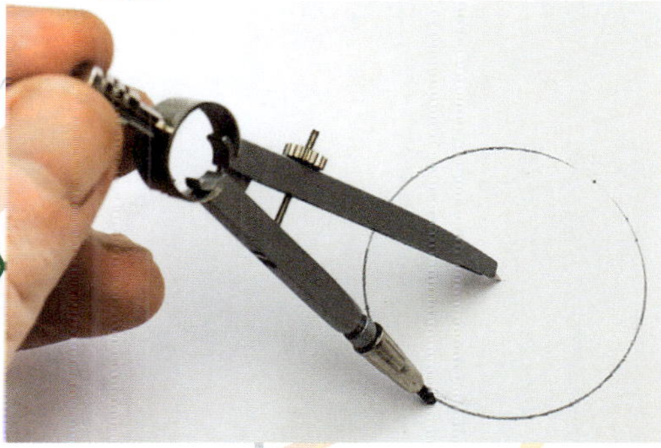

利用圆规能画出非常精确的圆。

测量角度

两条相交于一点的线可以构成一个角，这两条线叫角的两条边，相交的点叫角的顶点。

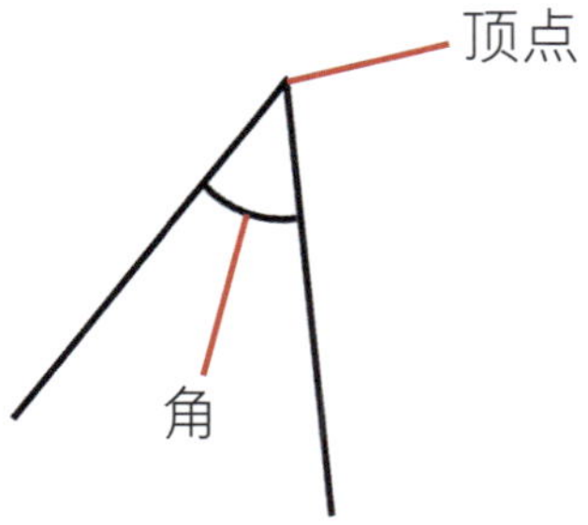

角代表的是两条边之间的转动量。它的大小用度数来计量，单位符号是“°”。

角的类型

一个圆的角度是360度，写作360°。

一个直角就是圆的四分之一，所以是90°。

小于90°的角叫锐角。

180°的角叫平角。

大于90°，同时小于180°的角叫钝角。

大于180°，同时小于360°的角叫优角。

程序员介绍道：“一共有6种不同类型的角，其中对钝角和优角的计量要特别当心！它们模样差不多，但需要计量的角度完全相反。你可以通过连接两条边的曲线符号来识别到底要计量哪一个角。”

量角器是专门用来测量角度大小的工具。把量角器放在一个角上，中心对准角的顶点，底部对准一条边，然后只需要读出另一条边穿过的度数就好了。

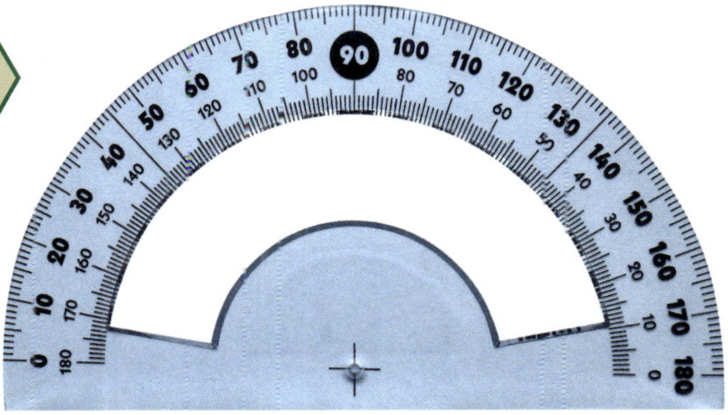

量角器

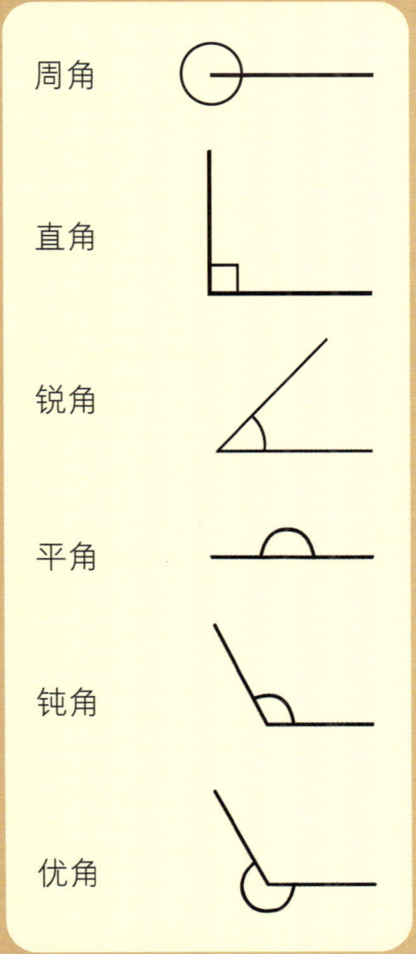

这位建筑师正用量角器标记他的设计图。

有了这些信息，数学家确定，她的多功能计量仪能精确测量角度和曲线了。

计算周长、面积和体积

现在，程序员要用米（m）作为单位，测量一栋建筑的大小。他请艺术家帮忙画图。

“首先，我要测量整栋建筑每条边的长度，算出建筑的周长。”他告诉艺术家，“我也可以利用边长，算出建筑的表面积。”

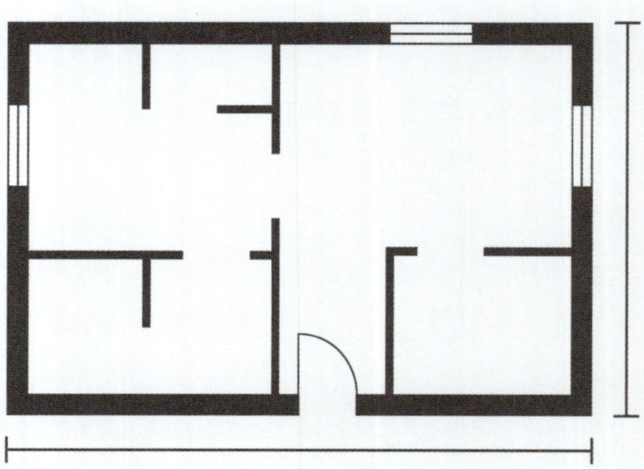

一幅简单的二维（2D）楼层平面图

一幅楼层的三维平面图

“没别的了吗？”艺术家问道。“还有呀，”程序员说，“建筑是3D的，有长、宽、高三个维度，所以我还得测量它占据空间的大小，也就是它的体积。”

简单的周长（l）计算

三角形：$l = a + b + c$

正方形：$l = 4 \times a$

长方形：$l = 2 \times (a + b)$

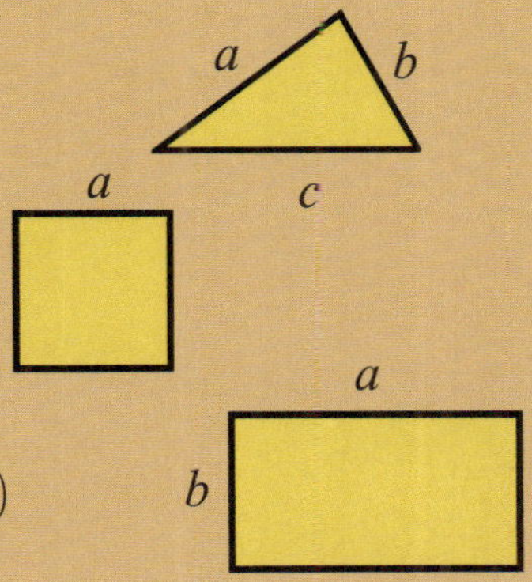

周长是形状轮廓的长度。如果图形每条边的长度都可以测量出来，只需要把这些测量结果相加，就可以得到整个图形的周长。

简单的面积（A）计算公式

计算简单图形的面积，可以使用右边给出的几个公式。当你测量房间的大小时，你需要使用乘法，单位是平方米，单位符号是m^2。

三角形：$A = \frac{1}{2} \times a \times h$

正方形：$A = a \times a$

或 $A = a^2$

长方形：$A = a \times b$

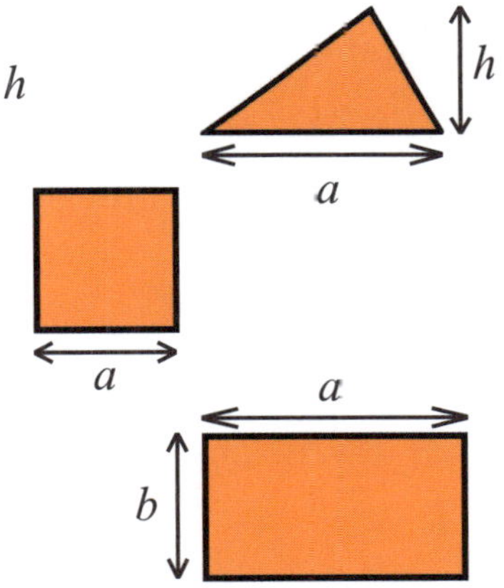

简单的体积（V）计算公式

棱锥体

$V = \frac{1}{3} \times h \times A$（$A$表示棱锥体底面积）

矩形体（有两个长方形面、每个角都是直角的立体图形）

$V = a \times b \times h$

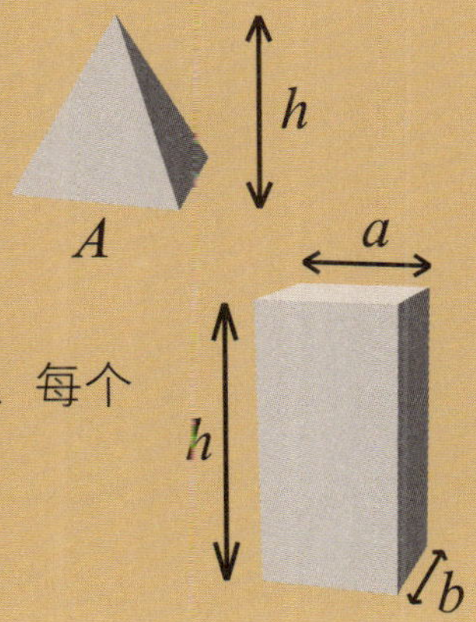

测量体积同样需要用到乘法，还有更复杂的公式。左边是棱锥体和矩形体的体积计算公式。

电和光

程序员正在打造一辆全新的跑车。它的行驶速度将打破纪录。

最棒的是，这辆跑车是由电力驱动的！

“电是一种能量形式，由电子和质子这两种粒子的微小能量产生，”程序员说道，“当粒子顺着铜线移动，就形成了电流。”

电流的计量单位是安培，简称安。1安（A）相当于每秒流过6.241×10^{18}个电子。

由铜线制作的电缆

“想开电动汽车，只需要提前充满电就行！”在32安的充电点，只要不到4个小时，就能把电充满！

在充电点为电动汽车充电。

科学家解释道：“跑车的所有设备都由电力驱动，包括大功率的车前灯，需要额外的电才能让它亮起来！”

发光的强度是可以计量的，使用的单位是坎德拉，简称“坎”。坎德拉来自拉丁语，本来的意思是“蜡烛”。一根蜡烛提供或产生的光，大约是1坎（cd）。

电灯泡最终取代了蜡烛，因为它能提供大约120坎的光。

车前灯能让司机在晚上看清前面的道路，车头灯光的强度能够达到75 000坎。

计算速度

科研五人团正计划着他们的第一次集体出游，数学家特别期待来一次野餐。

她问程序员：“这辆跑车能跑多快？”

程序员解释道：“速度是通过某物在特定时间内移动的距离来计算的。

“计算速度，你得用距离除以通过这段距离所花费的时间。速度的基本单位是千米每小时，单位符号是km/h。

“幸好，汽车仪表盘上有个车速表，可以帮我们计算出这个数字。”

汽车仪表盘上布满了各种计量仪表。

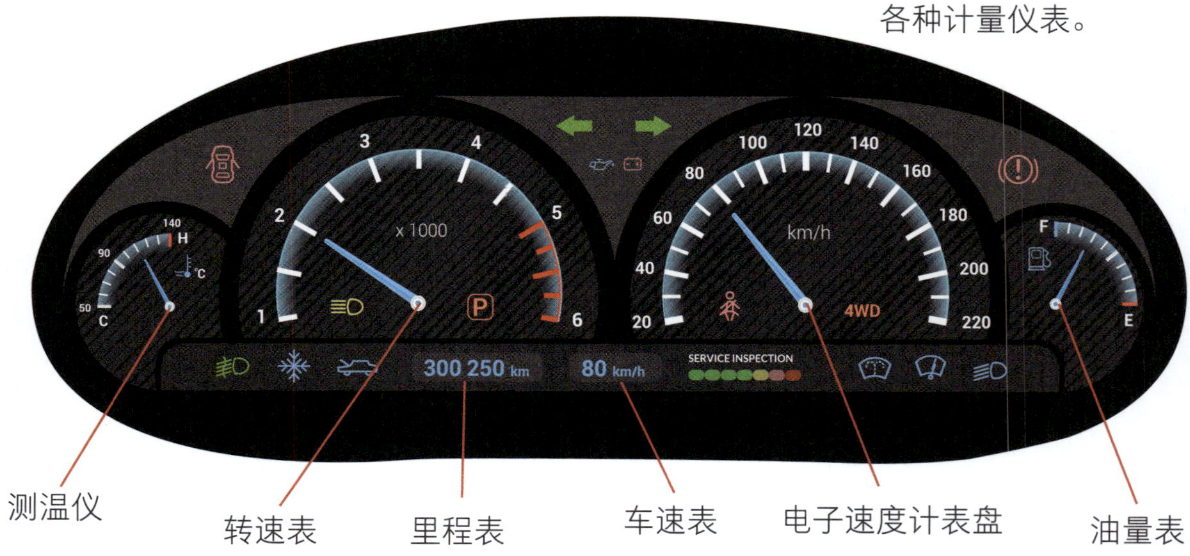

计量仪表

计量仪表是一种计量装置，能够记录或显示数量、程度、速率等数值。

汽车仪表盘安装了许多计量仪表。

测温仪：显示发动机的温度，计量单位是摄氏度，单位符号是℃。

转速表：显示发动机每分钟的转动数，单位符号是RPM。

车速表：显示汽车的行驶速度，单位符号是km/h。

里程表：计量和记录汽车行驶的距离，单位符号是km。

电表或油表：显示汽车的剩余电量（电动汽车），或燃料箱里的剩余燃料量（汽油、柴油）。

还有计量水量和燃油量的水位表和油量表，并由警示灯提示耗尽。

RPM指“每分钟的转动数”。转动一次就是完成了360°的旋转。发动机一般每分钟转动好几千次，所以转速刻度盘显示的RPM数字以千次为基数。

“这些仪表都是很棒的计量设备，”数学家说，“野餐一结束，我就马上把它们都放进我绝妙的多功能计量仪里。”

暖色与冷色

野餐太棒了！天气和煦，阳光明媚。可第二天，天气突然转凉，冷冰冰的，艺术家甚至堆起了雪人。

他高兴地说："太好了！我正好在创作四季主题的绘画，春、夏、秋、冬各一幅。"

他接着说："我想展现一年四季不同时节的天气是如何变冷和变暖的。

"所以我一直在欣赏著名画家同类主题的画作，寻找灵感。"

克劳德·莫奈的《喜鹊》

文森特·梵高的《麦田与收割者》

“梵高使用温暖的橙色和黄色来表现太阳的光辉。

“莫奈选择用灰色和蓝色，展示出冬天的景色。”

艺术家说：“我也想画出这种温暖和寒冷的感受。但要想画得像模像样，必须先弄清楚怎样正确计量温度。

“是时候向我的科学家朋友寻求帮助和建议了……”

计量温度

“我来解释一下，”科学家说，“温度一般是用一种叫作温度计的设备来测量的。它使用的单位是摄氏度（℃），在表盘上能显示出温度数字。

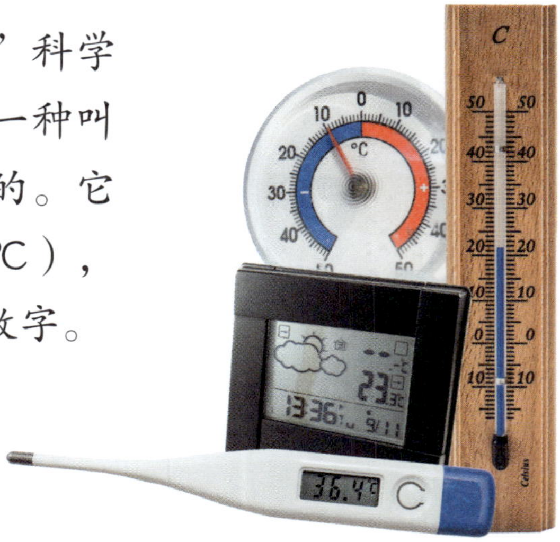

不同类型的温度计

“1742年，瑞典科学家安德斯·摄尔修斯发明了摄氏度计量法。这个计量法将水的冰点定为0℃，将水的沸点定为100℃。

安德斯·摄尔修斯

温度计记录下的地表最高气温是56.7℃，测于1913年7月的美国死亡谷。温度计记录下的地表最低温是-89.2℃，测于1983年南极沃斯托克科学考察站。

“1848年，英国工程师及物理学家开尔文勋爵引入了另外一套温度计量法，他认为，这种新的计量法能更精确地表示温度。

“开尔文勋爵告诉大家，宇宙万物都是由一种叫粒子的微小物质构成的。粒子不断运动，产生出了热量。

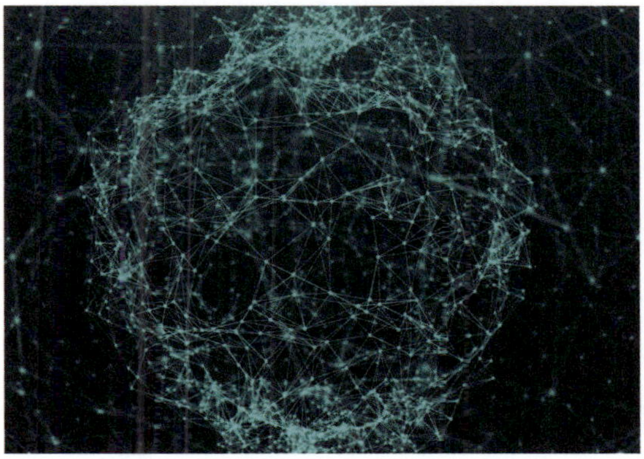

粒子运动产生了热量。

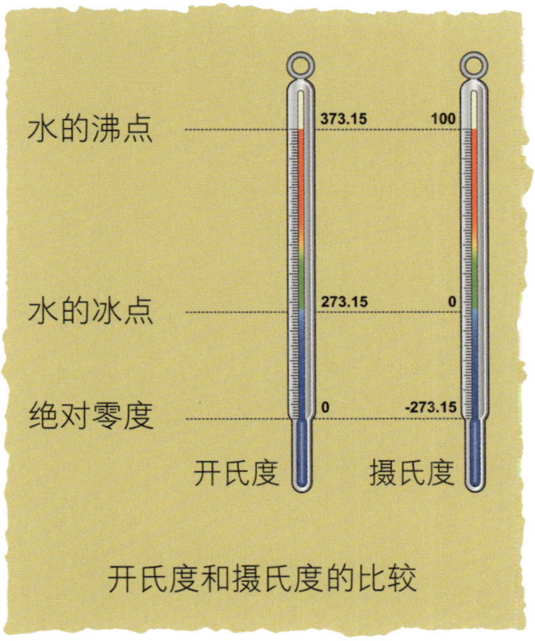

开氏度和摄氏度的比较

“他解释说，如果运动粒子耗尽了能量，热量就会消失。他将这一点定为绝对零度，又叫0开氏度（K）。

“我们科学家是用开尔文计量法来计量温度的，因为对于物理和化学实验来说，它的计量方式更加精确。”

“谢谢！”数学家说道，“有了这些信息，我就能在多功能计量仪的控制面板上输入更多的计量单位啦。”

多少钱

艺术家正在美术馆里展出自己的画作。作品都可以出售，但他不太确定到底值多少钱。艺术家不知道该怎么定价，便决定问问数学家的意见。

数学家说："钱不属于正式的计量单位，但它有自己的单位，比如元、角、分。我们常用钱来表示物品的价格。

"决定价格的因素有许多，比如画作的大小、原材料和绘画用品的成本，还有绘画时长。"

硬币和纸币

硬币和纸币是钱的主要形式，它们的币面上都会准确标明面额。

纸币的面额一般比硬币高。许多硬币加在一起（通常以100为基数）才抵得上一张纸币的面额。

大多数纸币会设计1元、2元或5元的面额，更高的面额有10元、50元、100元，甚至500元。不同面额的纸币一般会印成不同的颜色，免得混淆。

不同国家使用不同的钱币，比如人民币、美元、欧元和英镑。这些钱叫货币。不同货币的硬币和纸币体现出的价值不一样。要让两种货币价值相等，总有一种货币在数量上要比另一种多一些。

货币不同，价值也不同。

厉害的数学家们

数学是一门古老的学科。几千年来，伟大的数学家们一直在不停地测量和计算，以帮助我们更好地理解世界的运转。

数学家打算把她最喜爱的10条经典计量原理输入多功能计量仪里。

泰勒斯，生于约公元前624年的米利都（今土耳其境内）。他是一位伟大的数学家，也是世界首批真正的科学家之一。泰勒斯研究几何学，包括点、线、面、体和维度，他特别关注角和三角形。

泰勒斯被人熟知的原因是他找到了测量金字塔高度的方法。他在自己的影子长度与身高正好相等的那天，利用自己的影长测量出了金字塔的影长，由此推断出了金字塔本身的高度。

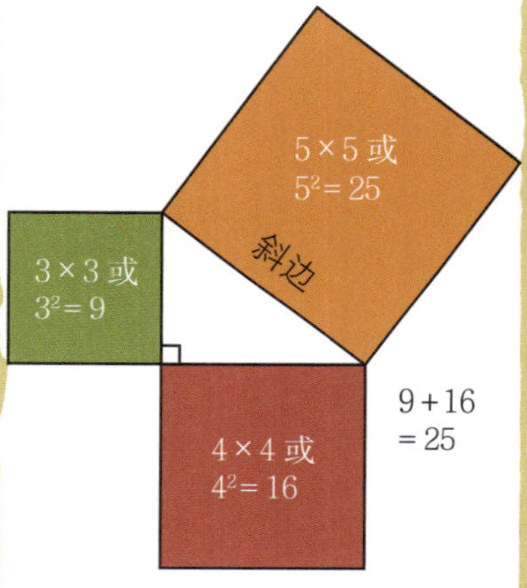

古希腊哲学家毕达哥拉斯生于公元前570年。他一生中发现了许多数学原理，其中最著名的一个是：沿着一个直角三角形的三条边各画一个正方形，则斜边（正对直角的边）正方形的面积等于另外两个正方形的面积之和。

埃拉托色尼公元前276年出生于北非小镇昔兰尼（今利比亚境内）。他是第一个精确测量出地球圆周长度的数学家。

他通过观察太阳和阴影来估算角度，再利用圆和角度的知识计算出结果。他的测量结果与我们今天测量出来的精确结果相比，只有几千米的误差，这在他生活的时代太难得了！

阿基米德生于公元前287年的意大利西西里岛。这位伟大的数学家计算出了一个关键的数字，来表示圆的直径与周长的关系。这个数字约等于3.141 59，阿基米德把它叫作“pi”，符号是π。

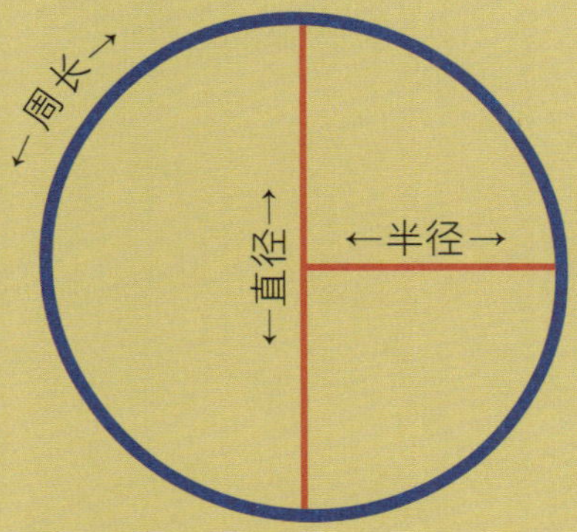

托勒密出生于约90年的埃及，他是恒星运动和行星轨迹方面的专家。他利用自己的学识与数学技巧估算了宇宙的大小。

婆罗摩笈多约598年出生于印度毗罗摩罗，他是代数、几何和三角学领域的专家。

他在研究中计算出一年有365天6时5分19秒，这个结果跟真实的数值365天5时48分46秒已经非常接近了。

千位	百位	十位	个位
3	5	1	7
+	1	7	2
3	6	8	9

斐波那契是一位出生在12世纪晚期的意大利数学家。他学习了世界各地的数字系统与计算方法，还提出了根据数字的值在数列中排列的想法——将数字排成纵列，看它们究竟是个位数、十位数、百位数、千位数，还是更大的位数。

约翰·耐普尔1550年出生于苏格兰的爱丁堡。他发明了一种简易的计算方法。利用图中这种“耐普尔算筹”，计算乘除法要比以前快得多。

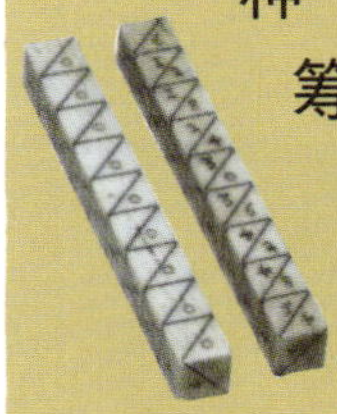

让·巴普蒂斯特·德朗布尔出生于1749年，是法国的数学家和天文学家。他引入了“米”这一计量单位。

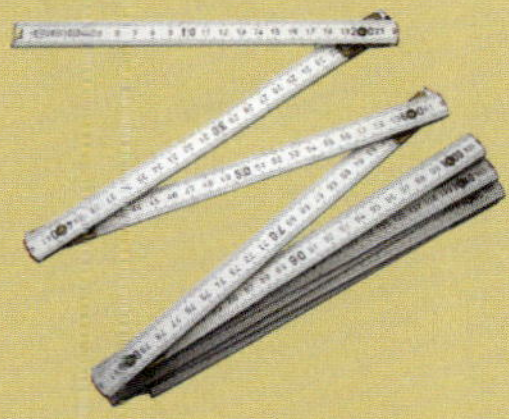

卡尔·高斯1777年出生于德国的布伦斯维克。他是历史上最重要的数学家之一。他研究了数学的许多领域，他的计量单位系统（主要是厘米、克和秒）为通行世界的国际单位制打下了基础。

想法碰撞

科学家希望这台仪器既能测量最微小的粒子，也能丈量最宽广的宇宙，还能计算出新发现的行星的大小。

程序员希望这台机器能协助他在未来制造出性能强大的新型设备，这台设备要比以前的设备运转得更快更好。

数学家把朋友们的意见都放在了心上。她清楚，这台新仪器要完成非常复杂的挑战。

工程师希望这台仪器能帮她准确测量出设计中的各项数据，让她将自己最棒的创意变成安全又牢固的现实建筑。

艺术家希望这台仪器能帮他测量绘画对象的大小、形状和温度，让他能更精确地用画笔把它们表现出来。

数学家会好好运用朋友们的想法，创造出这台计量装置。

科研五人团灵感拼接

在建造多功能计量仪的准备过程中，数学家探索了各种各样的测量方法，它们有的非常复杂，有的则非常基本。这些都被她放进了最终的装置里。

无论怎样，它们都将帮助数学家在今后进行更精准的测量。

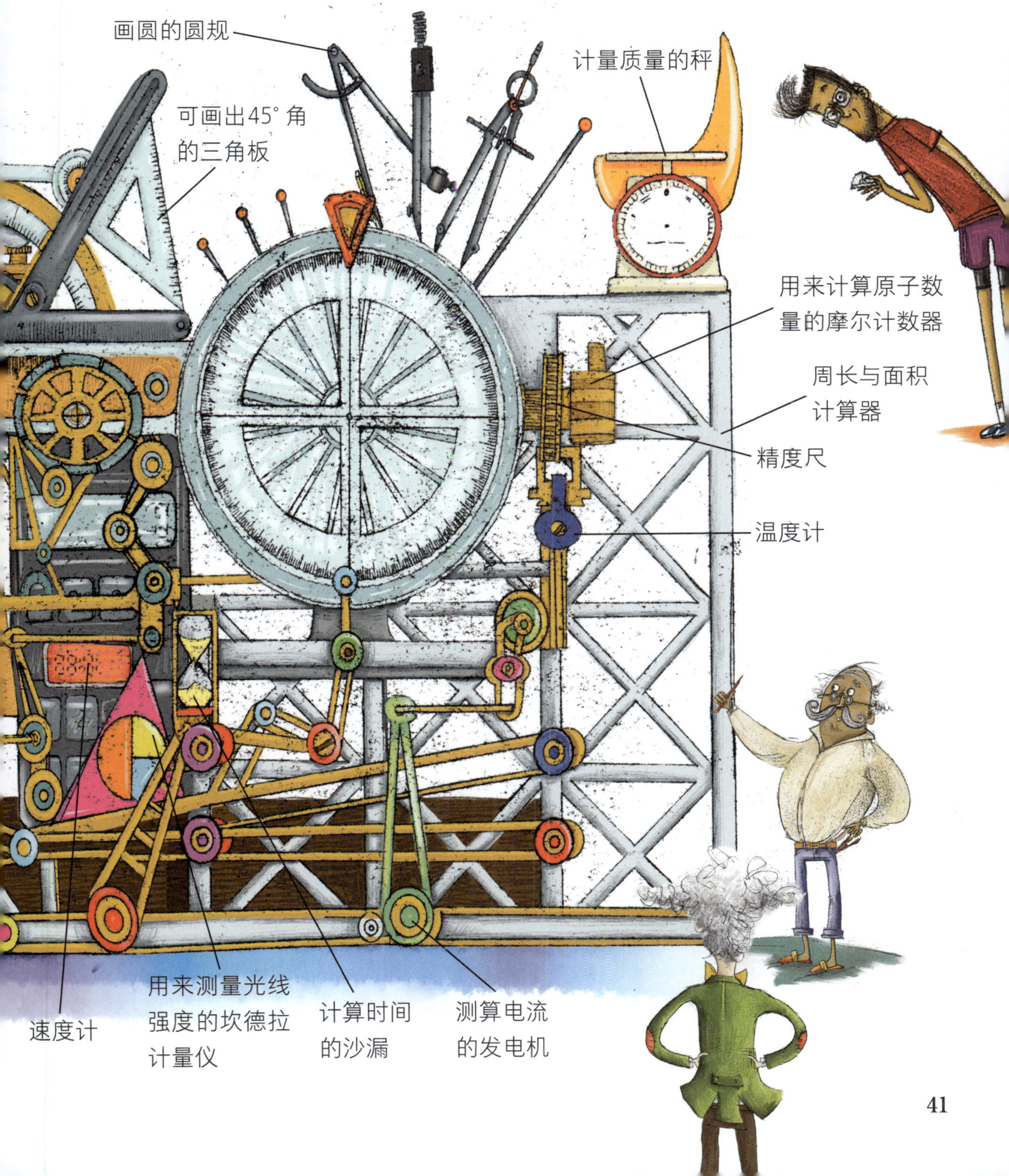
画圆的圆规
可画出45° 角
的三角板
计量质量的秤
用来计算原子数
量的摩尔计数器
周长与面积
计算器
精度尺
温度计
速度计
用来测量光线
强度的坎德拉
计量仪
计算时间
的沙漏
测算电流
的发电机

知识点回顾

角

顶点

两条相交于一点的线可以构成一个角，相交的点叫角的顶点。

钝角

大于90°，同时小于180°的角。

角

两条相交于一点的线可以构成一个角。以度为计量单位，单位符号是“°”。

量角器

以度为单位测量角度大小的仪器。

平角

180°的角。

锐角

比直角小的角。

优角

大于180°，同时小于360°的角。

直角

90°的角。一个圆是360°，四分之一个圆形成的角就是直角。

计算

单位

计量用的最小单元，能让计量更加准确。

估算

粗略地计算某些东西。

国际单位制（SI）

由米、千克、秒、安培、开尔文、坎德拉和摩尔组成的一套计量单位系统。

精确计量

精准、正确的计量。

前缀

一些有特殊用法的字，放在表示单位的词语前，就能改变单位的大小。

无穷大

没有开端也没有结尾，数字没有尽头。无穷大是计量不了的。

图形

半径

圆心到圆周的直线距离。

圆周长

绕圆周一圈的长度或距离，也就是从圆上的任何一个点出发，再回到这个点的距离。

圆周率

圆的周长与直径的比率关系，约等于3.14，符号是π。

直径

穿过圆心连接圆周上的两个点的直线距离。一条直径能将圆切成两半。

大小

长度

从物体一端到另一端的距离。

高度

从物体顶端到底部的距离。

距离

两点之间的长度。

宽度

物体两侧之间的距离。

面积

物体表面的大小。以平方米或m^2计量。

容积

能容纳多少东西。

深度

从物体的顶部或表面到底部的距离。

体积

物体占据空间的大小。

周长

图形边的总长度。

力和运动

引力

两个有质量的物体之间相互吸引的力。

质量

描述物体内部包含多少东西或物质，计量单位是克（g）、千克（kg）或兆克（Mg）。

重量

地心引力对物体产生的作用力，计量单位是牛顿（N）。

电

安培（A）

电流的计量单位，简称安。

电子

原子内部的一种粒子，带有负电荷，是电的载体。

质子

原子内部的一种粒子，带有正电荷。

光

光年

光在真空中穿行一年时间走过的距离。光年是计量宇宙中天体距离的一种单位。

坎德拉（cd）

光的强度的计量单位。

温度

冰点

液体凝固变成固体的温度。

沸点

液体沸腾变为蒸气的温度。

绝对零度

宇宙中的最低温度。运动粒子耗完所有能量时的状态。

开氏度（K）

一种温度计量单位，是国际单位制的单位之一。

摄氏度（℃）

一种温度计量单位。

温度计

用来计量温度的一种工具。

空间

分子

一组原子组合在一起。

粒子

物质的组成部分。

摩尔（mol）

一种物质计量单位。

物质

任何具有实体形态的东西。

原子

构成元素的最小粒子。

技术

车速表

计量汽车行驶速度的仪表，单位是千米每小时（km/h）。

里程表

计量和记录汽车行驶距离的仪表，单位是千米（km）。

转速表

显示发动机每分钟的转动数，符号是RPM。